Java 8 の
キーポイント

最新のJavaを
より効果的に使うために　　日向俊二●著

本書で取り上げられているシステム名／製品名は、一般に開発各社の登録商標／商品名です。本書では、™ および ® マークは明記していません。本書に掲載されている団体／商品に対して、その商標権を侵害する意図は一切ありません。本書で紹介している URL や各サイトの内容は変更される場合があります。

はじめに

　Javaには、他の多くの言語にはない特徴や新しい技術があります。

　本書は、数値やオブジェクトの比較、パッケージなどの従来からあるJavaのきわめて基本的ではあるもののとても重要なことがらと、ラムダ式やJavaFXなどの新しい重要な技術について解説します。

　本書の対象読者は、Javaの入門段階を終わって、より良いJavaプログラムやより大規模なプログラムを書きたいと考えているJavaプログラマです。つまり、Javaを使って「Hello, Java!」と出力するプログラムや単純なプログラムを作成して実行できるレベルまでJavaについて知っていて、これから中級以上になろうとしているプログラマを対象としています。また、Java 7以前のJavaでプログラミングを学んだプログラマが最新のJavaを知るためにも本書は最適でしょう。

　本書の目的は、次のようなものです。

- 洗練されたJavaらしいプログラムを書けるようになる。
- Javaの使える機能を使いこなせるようになる。
- 予期しない結果になったり見つけにくいバグの原因となることを避ける。
- 冗長なコードではなく、簡潔なコードを記述できるようにする。

　Java 5より前のJavaの範囲で書いたプログラムは、最新の洗練された方法を使えば短く簡潔なプログラムになる場合があります。プログラムが簡潔になることで、よりわかりやすくなり、デバッグや保守が容易になります。

　本書の特徴は、説明のためのコード断片だけでなく、Java 8に対応した実行可能なプログラムをたくさん掲載していることです。このようなサンプルをたくさん見て入力し、変更し実行してみることで、プログラミングの実力は飛躍的に向上するでしょう。とはいえ、本書掲載のコードが常にベストであるわけではありません。Javaのプログラミングでは、ひとつの結果を得るための可能性がたくさんある場合がよくあります。本書では、わかりやすさという観点から、一括できるコードをあえて複数行に書き分けている場合があります。また、一目で全体を見渡せるように、複数のクラスをひとつのソースに記述しているものが多くあります。さらに、紙面の都合で、

そのトピックに関連しないことは必ずしも推奨される方法を使っていない場合や、パフォーマンスを犠牲にしている部分もあります。変数名などの名前は短さを最優先している場合がありますが、それは紙面に印刷したときに複数行に分割されないようにして読みやすくするためです。そうしたさまざまなコードを批判的に評価して、必ずしも良いとは言えない部分を見抜き書き変える力を養うのもプログラミングの実力を高めるために良い方法です。

　なお、本書はJavaについて基礎的な知識が多少なりともある読者を対象としています。そのため、必ずしも最初から順番に読まなくても構いません。興味のあるトピックから読んでも、特定のトピックを選んで読んでも構いません。

　本書を活用してJavaプログラミングを楽しんでください。

2015年2月
日向 俊二

■ 本書のサンプルについて

　ひとつの目的に適するコードが複数ある場合があります。本書のサンプルコードは、わかりやすさや単純であることを優先しています。また、サンプルプログラムであるという観点から、どのディレクトリ（フォルダー）に保存してもコンパイルして実行してみることができるように、多くのサンプルでpackage宣言を省略してあります。また、ひとつのソースを見ることでプログラム全体を見渡せるように、複数のクラスを同じソースファイルに記述してあるものが多くあります。

　本書のサンプルは、そのトピックの目的に焦点を合わせています。そのため、GUIデザインの詳しい設定などは無視していますので、GUIアプリケーションは必ずしも美しいデザインになっていません。デザインを洗練させたいときには、GUIビルダーなどを効果的に利用して、美しいレイアウトをデザインしてください。なお、GUIプログラムの実行時の外観の詳細はプラットフォームやその設定によって異なります。

■ 本書のサンプルの実行環境

　本書のサンプルは、Java SE 8 SDK update 31で動作を確認しています。

■ プログラムのコンパイルと実行

　標準Javaコンパイラjavacを使う場合、次のコマンドラインでコンパイルします。このとき、Javaコンパイラjavacがあるディレクトリに PATH が設定されていないときには、PATHを設定するか、あるいは、javacを完全パス名で指定します。

```
> javac prog.java
```

　コンパイラでソースファイルprog.javaをコンパイルすると、クラスファイルprog.classが生成されます。
　プログラムを実行するときには、次のコマンドラインを使います。

```
> java prog
```

　JavaFXプログラムの場合も、プログラムのコンパイル方法や実行方法は基本的に

同じです。

なお、NetBeansやEclipseなどのIDEを使う場合は、パッケージ名や保存する場所、クラス名などに注意を払う必要があります。それぞれのIDEのドキュメントを参照してください。

JavaScriptを含むコードの実行方法については該当するトピックで解説しています。

■ コードの変換

ソースファイルの文字コード（エンコーディング）は、必要に応じて、javacのオプション -encoding <encoding> でソースファイルの文字エンコーディングを指定してコンパイルします。あるいは、次のようにしてコードを変換することができます。

たとえば、UNIX系OSでシフトJISのソースプログラムをUTF-8に変換するときには、次のようにします。

```
$ iconv -f sjis -t utf-8 src.java > dest.utf
```

UNIX系OSでシフトJISのソースプログラムを別のコードに頻繁に変換する場合は、次のようなシェルスクリプトを作成しておくと便利です。

```
#!/bin/csh
iconv -f sjis -t utf-8 $1.java > aa
rm $1.java
mv aa $1.java
```

このテキストを、たとえば toutf8 という名前を付けてファイルとして保存します。そして、次のようにして実行許可を与えます。

```
$ chmod a+x toutf8
```

nkfを使ってシフトJISのソースプログラムをEUCに変換するときには次のようにします。

```
$ nkf -e file.sjis > file.euc
```

変換したあとで、¥(円記号)と\(バックスラッシュ)が異なる文字コードであるコード体系の場合は、ソースファイルの中の¥(円記号)を\(バックスラッシュ)に変更してください。

なお、GUI アプリケーションを構成する FXML ファイルなど一部のファイルで日本語文字を使う場合は、UTF-8 を使わないといわゆる文字化けが起きることがあります。その場合、必ず BOM なし UTF-8 を使ってください。BOM 付き UTF-8 にすると、先頭の BOM 情報が誤ったデータであると解釈されて、実行時に例外が発生します。

■ サンプルプログラムのダウンロードについて

本書に掲載のサンプルプログラムは下記のカットシステムの Web サイトからダウンロードできます。

http://cutt.jp/books/978-4-87783-368-8/

zip ファイルを解凍する際のパスワードは「209aq53f」です。

■ ご注意

本書の内容については正確な記述に努めましたが、著者・編集者および出版社は、本書の内容およびサンプルプログラムに対してなんら保証をするものではなく、また本書の内容およびサンプルプログラムによるいかなる運用結果についても、一切の責任を負いません。また Java のプログラミングに関する、本書の記述を超える内容や特定の実行条件(Java の特定の実装、特定の実行環境など)に関連するご質問については、著者および出版社ではお答えいたしかねます。

目次

はじめに iii

第1部　Javaの基礎技術 1

Topic 1　Java言語 2
　for文 2
　ダイアモンド演算子 7
　ブロックスコープ 8
　コンストラクタ 9
　アノテーション 14

Topic 2　値と式 17
　式の短絡評価 17
　2進数、8進数、16進数 20
　文字列変数の代入 22
　null 23
　BigDecimal 26

Topic 3　定数とenum 28
　定数 28
　enum 29

Topic 4　時間、日付と時刻 34
　ナノ秒単位の計測 34
　新しい日付ライブラリ 37
　日付と時刻 39
　ゾーン 49
　日本の歴 52

Topic 5　Optional ── 54
Optional クラス ── 54
Optional クラスのメソッド ── 56

Topic 6　ラムダ式 ── 60
ラムダ式の概要 ── 60
匿名クラス ── 62
メソッド参照 ── 64

Topic 7　Stream ── 66
ストリームの概要 ── 66
単純な Stream の例 ── 69
中間処理 ── 71
数値ストリーム ── 72

Topic 8　コレクション ── 74
コレクションの種類 ── 74
コレクションの機能 ── 76
名前をたくさん使う例 ── 77
Collections ── 81

Topic 9　数とオブジェクトの比較 ── 85
整数値の比較 ── 85
実数値の比較 ── 87
文字列の比較 ── 89
equals( ) ── 93
contentEquals( ) ── 95

Topic 10　クラス ── 98
非 public クラス ── 98
内部クラス ── 99

Topic 11　インタフェース ── 101
default メソッド ── 101
static メソッド ── 104

Topic 12　正規表現 —— 106

正規表現とは …… 106
Java の正規表現 …… 108
Pattern と Matcher …… 112
置換 …… 114
正規表現における例外処理 …… 116
String クラスの正規表現 …… 118

Topic 13　ライブラリの変更 —— 119

String クラス …… 119
数値クラス …… 121
Math クラス …… 122

第 2 部　GUI プログラミング —— 125

Topic 14　JavaFX —— 126

JavaFX の概要 …… 126
シンプルな GUI アプリケーション …… 127
コントロール …… 132
レイアウト …… 144
stage のコンポーネント …… 152

Topic 15　JavaFX のグラフィックス —— 156

シンプルなグラフィックスアプリケーション …… 156
シェイプのクラス …… 159
Canvas …… 162
シンプルな描画アプリケーション …… 162
描画メソッド …… 165

Topic 16　FXML —— 168

FXML ファイル …… 168
Java のコード …… 171

Topic 17　CSS —— 174
CSS について 174
JavaFX の CSS 176
インライン CSS 180
FXML ファイルの CSS 182

Topic 18　アニメーション —— 184
トランジション 184
タイムライン 191
トランジションとタイムラインの併用 195

Topic 19　ビデオとサウンド —— 199
ビデオ 199
サウンド 202
オーディオクリップ 207

Topic 20　印刷 —— 211
javafx.print パッケージ 211
PrinterJob 212

第3部　さまざまなテクニック　215

Topic 21　I/O とネットワーク —— 216
Files 216
ソケット通信 224

Topic 22　実行環境 —— 232
外部プログラムの起動 232
環境の状況の取得 234
仮想マシンの終了 235
グラフィックスデバイスの調査 237

Topic 23　パッケージ —— 240
パッケージの例 240
パッケージ名 242

Topic 24　エラーへの対処 ------ 243
　例外処理 243
　リソースの解放 247
　Debug クラス 248

Topic 25　パフォーマンス ------ 250
　文字列の連結 250
　基本型と参照型 252
　配列リストとリンクリスト 254
　配列 256

Topic 26　マルチスレッド ------ 261
　マルチスレッドの概要 261
　Thread の拡張 262
　Runnable インタフェース 265
　Executor 267

Topic 27　暗号 ------ 269
　暗号化の方法 269
　Cipher 272

Topic 28　JavaScript ------ 276
　JavaScript の概要 276
　Nashorn 280
　ScriptEngine 282
　JavaFX 287

付　録 289

付録 A　トラブル対策 ------ 290
　A.1　一般的なトラブルとその対処 290
　A.2　実行時のトラブルとその対処 293

付録 B　Java のツール ------ 296
　B.1　javac 296
　B.2　java 298

B.3　jjs 299
B.4　jrunscript 301
B.5　jar 302
B.6　javah 303
B.7　javadoc 304
B.8　Eclipse 306
B.9　NetBeans 307
B.10　Spring Framework 307

索　引 --- 309

コラム目次

for 文の中の複数の式 6
3 項演算子の評価 19
Boolean クラス 25
ブールの定数式 27
Java のバージョン表記 53
beep( ) 210
警告の抑止 249
JavaScript のオブジェクト 285

第1部

Javaの基礎技術

Topic 1	Java言語
Topic 2	値と式
Topic 3	定数とenum
Topic 4	時間、日付と時刻
Topic 5	Optional
Topic 6	ラムダ式
Topic 7	Stream
Topic 8	コレクション
Topic 9	数とオブジェクトの比較
Topic 10	クラス
Topic 11	インタフェース
Topic 12	正規表現
Topic 13	ライブラリの変更

Topic 1 Java 言語

プログラミング言語は、言語そのものとライブラリから成り立ちます。ここでは、for 文などの言語としての Java の進化した点や新機能について説明します。

for 文

for 文はさまざまなところで使われます。よくあるのは、配列やコレクションの要素を順に参照したり操作するときに、for 文を使って要素を順番に扱うという方法です。

たとえば、次のような配列があるとします。

```
String [] dogs = {"Pochi", "Kenta", "Lucky"};
```

この配列 dog の要素をすべて出力するのなら、伝統的な方法では、次のような構文を使うでしょう。

```
for (int i=0; i<dogs.length; i++) {
  System.out.println(dogs[i]);
}
```

しかし、現在の Java では、カウンタ変数(i)と要素数(dogs.length)を省略して、次のような構文で同じことを行うことができます。

```
for (String a : dogs)
  System.out.println(a);
```

ここで使った例は比較的単純ですが、カウンタ変数の型名（クラス名）や変数名などが長いときには、カウンタ変数や要素数を省略できるというのは、とても有利です。

コレクションでも同じことができます。次の例は新しい for 文を使って、List に保存した要素をすべて出力する例です。

リスト 1.1 ● ListFor.java

```java
import java.util.Arrays;
import java.util.List;

public class ListFor {

  public static void main(String... args) {

    // Listに犬の名前を保存する
    List <String> dogs = Arrays.asList("Pochi" , "Kenta" , "lucky", "Pippy", "Becky");

    // 名前をすべて出力する
    for (String a : dogs)
      System.out.println(a);
  }
}
```

for 文の構文は次の通りです。

```
for ( type var : objs )
// 変数を使った処理や操作。varを参照することができます。
```

ここで type は型、var は要素の変数、objs は配列またはコレクションの名前です。

この新しい for 構文は覚えておくだけでなく、いつでも使えるようにしておくべきです。

コレクションに対しては、メソッド forEach() を使うこともできます。たとえば、次のようにしてリストのすべての要素を出力することができます。

```
dogs.forEach(System.out::println);
```

System.out::println はメソッド参照です。Topic 6「ラムダ式」の「メソッド参照」を参照してください。

コレクションの個々の要素は、この新しいfor文を使って添え字なしで参照できますが、添え字を使わない他の方法としてイテレータを使う方法もあります。次の例はイテレータを使ってリストの名前を出力する例です。

リスト1.2 ● ListItr.java

```java
import java.util.Arrays;
import java.util.Iterator;
import java.util.List;

public class ListItr {

  public static void main(String... args) {

    // Listに犬の名前を保存する
    String [] dogname = {"Pochi" , "Kenta" , "lucky", "Pippy", "Becky"};
    List <String> dogs = Arrays.asList( dogname );

    // 名前を出力する
    Iterator<String> itr = dogs.iterator();   // イテレータ
    while(itr.hasNext())
      System.out.println( itr.next() );
  }
}
```

これを見ても、新しいfor構文の簡潔さがわかります。このような新しいfor構文が便利に使えるケースでは、特に理由がない限り、一般のプログラムはイテレータを使う必要はなくなったと言ってよいでしょう。

コレクションを順に処理するforループの中で要素の追加や削除を行うことはできません。たとえば、要素を削除すると例外 java.lang.UnsupportedOperationException が発生します。for文の中では要素は原則として参照することができるだけと考えるとよいでしょう。

新しい for 文は、多次元配列や他のコンテナを含むコンテナに対しても使うことができます。次の例は 3 次元の配列の要素を扱う例です。

リスト 1.3 ● Array3.java

```java
public class Array3 {

  public static void main(String... args) {

    int a3[][][] = new int [3][3][3]; // 3次元配列の宣言

    // 従来のfor文で値を設定する
    for (int i=0; i<3;i++)
      for (int j=0; j<3;j++)
        for (int k=0; k<3;k++)
          a3[i][j][k] = i * 9 + j* 3 + k;

    // 新しいfor構文で要素をすべて出力する
    for (int[][] e1 : a3) {
      for (int[] e2 : e1){
        for (int e3 : e2)
          System.out.printf(e3 + " ");
          System.out.printf("  ");
      }
      System.out.println();
    }
  }
}
```

次の例は、コンテナを含むコンテナを含むコンテナの要素を、新しい for 構文を使って扱う例です。

リスト 1.4 ● Contains.java

```java
import java.util.ArrayList;
import java.util.Arrays;
import java.util.List;

public class Contains {
```

```java
public static void main(String... args) {

  // コンテナを含むコンテナを含むコンテナの宣言
  List <List <List<String>>> l3 = new ArrayList<>();

  // データを追加する
  l3.add(Arrays.asList(
     Arrays.asList("ab","cd","ef"),Arrays.asList("gh","ij","kl")));
  l3.add(Arrays.asList(
     Arrays.asList("mn","op","qr"),Arrays.asList("st","uv","wx")));

  // 要素をすべて出力する
  for (List<List<String>> e1 : l3) {
    for (List<String> e2 : e1){
      for (String e3 : e2)
        System.out.printf(e3 + " ");
      System.out.printf("  ");
    }
    System.out.println();
  }
}
```

COLUMN

for 文の中の複数の式

従来の for 文の初期化や繰り返しのたびに評価される式は、複数記述することができます。

```
for (int i=0, j=0; i<10; i++, j++)
   // 繰り返し実行する文
```

ただし、この書式の場合は、型が同じ場合に限られます。次のように型の異なる式を記述するとエラーになります。

```
for (int i=0, long j=0; i<10; i++, j++) // エラーになる
```

次のように型宣言をあらかじめ行うと、エラーになりません。

```
int i=0;
long j=0;
```

```
for (i=0, j=0; i<10; i++, j++)  // エラーにならない
    // 繰り返し実行する文
```

新しい for 構文では、複数の値を指定できません。

```
for (String a, b : dogs, cats)    // これはエラーになる
```

ダイアモンド演算子

ダイアモンド演算子は、コンパイラが推定できる場合に型を省略して <> だけで済ますことができる便利な演算子です。

たとえば、都市名のリストを保存するために String のリストを宣言したいとします。従来なら、次のようにする必要がありました。

```
List<String> cities = new ArrayList<String>();
```

しかし、右辺の型が String であることは自明です。そこで、Java 7 以降は、このようなときに右辺の型を省略して <> だけで済まして、次のように宣言することができます。

```
List<String> cities = new ArrayList<>();
```

この例のように、型の名前が自明でコンパイラが推測できる場合に使うことができるのがダイアモンド演算子です。

ダイアモンド演算子の使用例は本書のさまざまなサンプルにあります。

ブロックスコープ

実行可能なコードの中の任意の場所で { と } で囲むことによってブロックを定義することができます。

ブロックの有効な使い方のひとつは、有効範囲がブロックの中だけの変数を宣言することです。これをブロックスコープの変数と言います。

次の例は、二つのブロックスコープの中で同じ変数を宣言する例です。

```
public static void main(String... args) {

  {
    MyClass vars = new MyClass();   // (1)リソースを消費するオブジェクト
       :
  }

       :   // (2)別の処理

  {
    MyClass vars = new MyClass();   // (3)リソースを消費するオブジェクト
       :
  }
}
```

この例では、(1)でメモリなどのリソースを大量に使用しますが、(2)の別の処理ではそのリソースは必要ないため、(1)の処理をブロックの中に入れます。こうすることで(2)の別の処理を行っているときに大量のリソースは解放されます。そして、再び (3) で大量のリソースを消費するときに、再度リソースを使います。

ブロックを活用することで、リソースを節約できるだけでなく、同じ名前の変数を再定義できます。

第3部の Topic 25「パフォーマンス」の「配列」には、ブロックを活用して類似する二つのコード群を記述する例があります。

コンストラクタ

引数の異なる複数のコンストラクタを作りたくなることはよくあります。このとき注意すべきことが二つあります。

ひとつめは、引数のあるコンストラクタを定義すると、引数のないデフォルトコンストラクタが消滅するので、引数のないコンストラクタも必要であるならば、自分で定義するべきであるということです。

もうひとつは、複数のコンストラクタを提供するときには、キーワード this を効果的に活用できるということです。

たとえば、線を表現するクラスを作るとします。この線の属性は、線の幅、線を描く位置、線の色であるとします。なお、サンプルを単純にするために、線は水平線であるとし、線を描く位置は Y 座標だけを指定できるものとします。

おそらく次のようなクラスを作成するでしょう。

```java
class Line {

  double lineWidth;   // フィールド宣言
  double ypos;
  Color lineColor;

  // コンストラクタ
  public Line(double linewidth, double y, Color col)
  {
    lineWidth = linewidth;
    ypos = y;
    lineColor = col;
  }
}
```

これでよいのですが、線の幅や色がデフォルト値でよいなら、引数のないデフォルトコンストラクタも用意したいし、省略できる引数を省略した引数の少ない他の形式のコンストラクタも定義したいでしょう。たとえば、上のクラスには、すでに定義してあるコンストラクタに加えて、次の3種類のコンストラクタを追加するでしょう。

```java
public Line()
public Line(double y)
public Line(double y, Color col)
```

このとき、最初に示した、引数が3個のコンストラクタの中の値を代入するコードを、追加するコンストラクタそれぞれに重複して記述するのはまったくナンセンスです。言い換えると、次のようなコードを書く意義はまったくありません。

```java
public Line()
{
  lineWidth = 1.0;
  ypos = 20;
  lineColor = Color.BLACK;
}

public Line(double y)
{
  lineWidth = 1.0;
  ypos = y;
  lineColor = Color.BLACK;
}
// コンストラクタ
public Line(double y, Color col)
{
  lineWidth = 1.0;
  ypos = y;
  lineColor = col;
}
```

コンストラクタの中で、最初に定義したコンストラクタを this を使って呼び出すことができます。

```java
public Line() // コンストラクタ
{
  this(1.0, 20, Color.BLACK);
}
public Line(double y)
{
  this(1.0, y, Color.BLACK);
}
public Line(double y, Color col)
{
  this(1.0, y, col);
}
```

Lineクラス全体は次のようになります。

```
class Line {

  double lineWidth;   // フィールド宣言
  double ypos;
  Color lineColor;

  public Line() // コンストラクタ
  {
    this(1.0, 20, Color.BLACK);
  }
  public Line(double y)
  {
    this(1.0, y, Color.BLACK);
  }
  public Line(double y, Color col)
  {
    this(1.0, y, col);
  }
  public Line(double linewidth, double y, Color col)
  {
    lineWidth = linewidth;
    ypos = y;
    lineColor = col;
  }
}
```

コンストラクタをいくつ定義しても、フィールドに値をセットするコードは最後のコンストラクタで1回だけしか記述していない点に注目してください。

ここで作成したLineクラスと、それを使って線を描くプログラム全体を次に示します。

リスト 1.5 ● LineClass.java

```
import java.util.ArrayList;
import java.util.List;

import javafx.application.Application;
import javafx.scene.Group;
import javafx.scene.Scene;
```

```java
import javafx.scene.canvas.Canvas;
import javafx.scene.canvas.GraphicsContext;
import javafx.scene.paint.Color;
import javafx.stage.Stage;

class Line {

  double lineWidth;   // フィールド宣言
  double ypos;
  Color lineColor;

  public Line() // コンストラクタ
  {
    this(1.0, 20, Color.BLACK);
  }
  public Line(double y)
  {
    this(1.0, y, Color.BLACK);
  }
  public Line(double y, Color col)
  {
    this(1.0, y, col);
  }
  public Line(double linewidth, double y, Color col)
  {
    lineWidth = linewidth;
    ypos = y;
    lineColor = col;
  }

  // 線を描く
  public void drawLine(GraphicsContext gc) {
    gc.setLineWidth(lineWidth);
    gc.setStroke(lineColor);
    gc.strokeLine(10, ypos, 230, ypos);
    }
}

public class LineClass extends Application {

  @Override
  public void start(Stage stage) throws Exception {

    stage.setTitle("LineClass");
```

```
    stage.setWidth(260);
    stage.setHeight(110);

    Group root = new Group();

    final Canvas canvas = new Canvas(250,250);
    GraphicsContext gc = canvas.getGraphicsContext2D();

    // 線を作成する
    List <Line> lines = new ArrayList<Line>();
    lines.add(new Line());
    lines.add(new Line(30.0));
    lines.add(new Line(40.0, Color.BLUE));
    lines.add(new Line(2.0, 50.0, Color.ROSYBROWN));
    // 線を描く
    for(Line line : lines)
      line.drawLine(gc);

    root.getChildren().add(canvas);
    stage.setScene(new Scene(root, 300, 300));
    stage.show();
  }
}
```

ここではクラスのコンストラクタについて説明することが目的なので、GUI アプリケーションのプログラミングについては説明しません。GUI アプリケーションの詳細については、第 2 部の Topic 14「JavaFX」と Topic 15「JavaFX のグラフィックス」を参照してください。

アノテーション

アノテーション（annotation）は、プログラムそのものには影響を及ぼさず、コンパイラや実行環境によるプログラムの解釈に影響を及ぼすメタデータです。アノテーションを使うことで、コンパイラでエラーや警告メッセージを出力するようにしたり、コンパイラで出力される警告メッセージを抑制したり、外部ファイルとのリンクを確立したり、あるいは、実行環境によってプログラムの動作を変更したりできます。また、独自のアノテーションを定義することもできます。

ここでは、@Override というアノテーションを使って、コンパイラで警告メッセージを出力するようにする例を見てみましょう。

次のようなクラスがあるとします。

```java
class MyBase {

  void print(String s){   // 引数文字列をすべて大文字で出力する
    System.out.println(s.toUpperCase());
  }

}

class MyPrint extends MyBase {   // 引数文字列をすべて小文字で出力する

  void print(StringBuilder s){
    System.out.println(s.toString().toLowerCase());
  }

}
```

これは、引数の文字を大文字で出力する print() メソッドを持つ MyBase クラスと、MyBase クラスを拡張継承して引数の文字を小文字で出力する print() メソッドを持つ MyPrint クラスです。

これらのクラスを使った次のようなコードを実行したとします。

```java
public static void main(String... args) {

  MyPrint mp = new MyPrint();
  mp.print("Hello, Dogs!");

}
```

この一連のコードはまったく問題なく実行できますが、実行すると出力されるのは「HELLO, DOGS!」です。つまり、呼び出されているのは `MyPrint` の `print()` ではなく、`MyBase` の `print()` であることがわかります。プログラマは `MyBase` の `print()` を `MyPrint` の `print()` でオーバーライドしたつもりですが、そうなっていません。

そうなる原因は、`MyBase.print(String)` であるのに対して、オーバーライドしたものは `MyPrint.print(StringBuilder)` と引数の型を間違えているためです。

`MyPrint` クラスを次のように訂正すれば、期待した結果になります。

```
class MyPrint extends MyBase {
  void print(String s){
    System.out.println(s.toString().toLowerCase());
  }
}
```

このような場合、オーバーライドしたメソッドの先頭に、アノテーション @Override を付けると、起こしがちな間違いを未然に防ぐことができます。

```
class MyPrint extends MyBase {

  @Override
  void print(StringBuilder s){
    System.out.println(s.toString().toLowerCase());
  }
}
```

オーバーライドするメソッドの先頭にこのように @Override を付けるだけで、オーバーライドしたつもりが（引数の型を間違えているなど）間違ってオーバーライドになっていない場合、コンパイル時にエラーとして報告されます（Eclipse のようなツールを使っていれば、編集時にエラーが指摘されます）。

この @Override の例では、付けなくても付けても、プログラムが正しければ何も問題はありませんが、些細なミスから究明困難なバグが発生するのを防ぐために、オーバーライドするメソッドには必ずアノテーション @Override を付けるべきです。

アノテーションは、ユーザー（ここでは Java のユーザーのことであり開発者のことです）が定義することもできます。そして実際に最近のさまざまな Java のツールでは、さまざまな用途のためにいろいろなアノテーションが利用されています。それらのアノテーションは特定のツールに固有のもので固有の意味を持ちます。

FXML という外部ファイルに Java のコードをリンクさせるためにアノテーション @FXML を使う例を第 2 部の Topic 16「FXML」で紹介しています。また、Spring というフレームワークではさまざまなアノテーションが使われています。

Topic 2 値と式

式の短絡評価

　　　Javaの言語仕様を上手に活用することで、パフォーマンスを劇的に改善できる場合があります。

　　　たとえば、Javaでは複数の式がOR（||）で結合された式の評価を行うときに、式全体は左から評価されて、条件を満たさない場合には、そこで式全体の評価が終了します。

　　　わかりやすい例として、次の式を見てください。

```
if ( (0 < func(x)) || (0 < func2(x)) || (0 < func(y)) )
  dosomething();
```

　　　このif文では、

```
0 < func(x)
0 < func2(x)
0 < func(y)
```

　　　という三つの式のいずれかが true であったら、if 文は true なので、dosomething() が実行されます。そして、Javaではこのif文の最初の式「0 < func(x)」が true であれば、残りの式「0 < func2(x)」と「0 < func(y)」は評価されません。言い換えると、関数 func2(x) と func(y) は呼び出されません。ですから、このような場合には、true になる確率が高い式を if 文の一連の条件の最初に書くか、あるいは、短い時間で評価できる式を最初に書くことで、他の部分の評価が行われずに、結果としてパフォーマンスを高めることができます。

　　　AND（&&）で条件式をつなげた if 文は、最初に false になる式があれば、そこで条件式の評価が終わります。

```
if ( (0 < func(x)) && (0 < func2(x)) && (0 < func(y)) )
  dosomething();
```

最初の式「(0 < func(x)」がfalseであれば、残りの部分は評価されません。つまり、「(0 < func(x)」がfalseであれば、func2(x)とfunc(y)は呼び出されませんし、もちろん、dosomething()も呼び出されません。

次に例を示します。

リスト 2.1 ● ShortCrc.java

```java
public class ShortCrc {

  public static void main(String... args) {

    MyClass a = new MyClass(10);
    MyClass b = new MyClass(15);
    MyClass c = new MyClass(8);

    if (a.doTest(5) || b.doTest(3) || c.doTest(50))
      System.out.println( "hello" );

    System.out.println( "Done." );
  }
}

class MyClass {

  int value;  /* フィールド */

  MyClass(int value){
    this.value= value;
  }

  boolean doTest(int x) {
    System.out.printf("x = %d value = %d ", x, value );
    if (x < value){
      System.out.println("true");
      return true;
    }else {
      System.out.println("false");
      return false;
    }
```

```
  }
}
```

これを実行すると次のように出力されます。

```
x = 5 value = 10 true
hello
Done.
```

つまり、この場合は if 文の最初の式「a.doTest(5)」しか評価されていないことがわかります。

3 項演算子の評価

3 項演算子は、次のような形式で使います。

> *exp1 ? exp2 : exp3*

これは、exp1 を評価して、true なら exp2 を実行し、true でなければ exp3 を評価してその結果を返します。返される結果を変数に代入することがよくあるので、たとえば次のように使います。

> `z = x < y ? x * x : y * y;`

もちろん関数呼び出しでも構いません。

> `z = x < y ? func1() : func2();`

この場合、式「x < y」が true なら func1() が呼び出され、func2() は呼び出されません。そのため、func2() が完了するまでとても時間がかかる関数だとしても、式「x < y」が true になる可能性が高ければ、このステートメントは多くの場合に素早く実行されることになります。このことは覚えておいて損はありません。

2進数、8進数、16進数

整数は、10進数であっても、2進数や8進数あるいは16進数であっても、プログラム内部で保存されている値は同じです。つまり、2進数や8進数あるいは16進数というのは、あくまでも人間にとって理解しやすい場面で使われるもので、10進数、2進数、8進数、16進数は表記以外はすべて同じ整数です。

しかし、2進数や8進数あるいは16進数を使うことで、プログラムや値の見方がとても見やすくなる場合があります。そのような場合のために、Javaでは整数のリテラルの表記のために次のような形式が用意されています。

```java
int  v = 17;     // 10進数
v = 0b10001;     // 2進数
v = 021;         // 8進数
v = 0x11;        // 16進数
```

0bまたは0Bで始まる数は2進数、0xまたは0Xで始まる数は16進数とみなされます。0(ゼロ)から始まる整数値は8進表記とみなされるので特に注意してください。

なお、桁数が多くなる場合、_（アンダースコア）を途中に入れて読みやすくすることができます。次に例を示します。

```java
v = 12_319;         // 10進数で、12,319
v = 0b1101_1011;    // 2進数（10進数で219）
v = 023_13;         // 8進数（10進数で1227）
v = 0x12_56;        // 16進数（10進数で4694）
```

また、8進数あるいは16進数で出力したいときには、printf()を便利に使うことができます。

```java
// 8進数で出力する。
System.out.printf("8進数=%o \n", v);
// 以下のようにしても同じ
System.out.println("8進数=" + Integer.toOctalString(v));

// 10進数で出力する。
System.out.printf("10進数=%d \n", v);

// 16進数で出力する。
System.out.printf("16進数=%x \n", v);
```

```
// 以下のようにしても同じ
String sh = Integer.toHexString(v);
System.out.println("16進数=" + sh);
```

printf()やformat()で使うことができる主な書式指定子を次の表に示します。

表 2.1 ●指定の例

書式指定	意味
%o	8進数で出力する。
%d	10進数で出力する。
%x、%X	16進数で出力する。
%f	実数で出力する。%m.nfの場合、全体でm桁、小数点以下n桁で表示。
%e、%E	指数形式（例 1.23256e+02）で出力する。
%s、%S	文字列を出力する。
%c、%C	Unicode文字を出力する。
%g、%G	浮動小数点を浮動小数点表示形式または10進数で出力する。
%a、%A	浮動小数点を有効数字および指数を持つ16進浮動小数点数として出力する。
%t、%T	日付／時刻を日付／時刻変換に従って出力する。
%%	パーセント記号を出力する。

System.out.printf(format, args)の形式とSystem.out.format(format, args)の動作はまったく同じです。

文字列変数の代入

次の例を見てください。

```
StringBuilder sb1 = new StringBuilder("abc");
StringBuilder sb2 = sb1;
sb1.append("cd");

// 出力する。
System.out.println("sb1=" + sb1);
System.out.println("sb2=" + sb2);
```

これを実行すると、次のように出力されるでしょうか？

```
sb1=abccd
sb2=abc
```

答えは、そのようにはならない、です。実際には次のように出力されます。

```
sb1=abccd
sb2=abccd
```

この理由は、「sb2 = sb1」で参照を代入したことによって、変数 sb1 と sb2 は同じものを参照するようになったからです。

参照を保存する変数は、文字列に限らず、どのオブジェクトであっても同じことが言えます。そして、これは単純なことでありながら、見つけるのにとても苦労するバグの原因になりやすいので、常に注意を払う必要があります。

参照についてさらに知りたい場合は Topic 9「数とオブジェクトの比較」も読んでください。

null

　C 言語や C++ など、いくつかの言語では、null（または NULL など）の値は、0（ゼロ）として定義されています。しかし、Java では null はゼロではありません。Java の null は何も参照していない状態です。そのため、オブジェクトとして評価しようとすると実行時に例外が発生します。

　次の例を見てください。

```
String s1 = null;
  :
if (s1.length() < 1)
  System.out.println("s1はnull");
```

　このコードでは、if 文のところに到達するまでに s1 に有効な値が代入されていなければ、if 文で例外 java.lang.NullPointerException が発生します。そしてこの種のエラーは、コンパイル時には検出されずに、実行時に例外が発生してはじめて明らかになります。

　オブジェクトに対してメソッドを作用させているような式を評価するときに、変数（オブジェクトの参照）の値が null である可能性があるときには、従来は null であるかどうか if 文で調べるのが一般的な方法でした。

```
if ( s1 != null) {
  if (s1.length() < 1) {
    :
```

　Java 8 で、新たに導入された java.util.Objects.isNull() を使えば、次のようにチェックすることもできます。

```
if ( !Objects.isNull(s1) ) {
  if (s1.length() < 1) {
    :
```

　または、次のようにします。

```
if ( !Objects.isNull(s1) && (s1.length() < 1) )
  :
```

あるいは java.util.Objects.nonNull() を使って次のようにすることもできます。

```
if ( Objects.nonNull(s1) && (s1.length() < 1) )
  :
```

Java 7 で導入された java.util.Objects クラスには、java.lang.Object クラスから継承されたメソッドの他に、次の表に示すような static メソッドがあります。

表 2.1 ● Objects クラスのメソッド

メソッド	解説
compare()	2 個の引数が一致する場合は 0 を返し、それ以外は c.compare(a, b) を返す。
deepEquals()	2 個の引数が相互に真に深層で等価である場合は true を返し、それ以外は false を返す。
equals()	2 個の引数が相互に等しい場合は true を返し、それ以外は false を返す。
hash()	一連の入力値に対してハッシュコードを生成する。
hashCode()	null 以外の引数のハッシュコードを返し、引数が null の場合は 0 を返す。
isNull()	指定された参照が null の場合は true を返す。それ以外は false を返す。
nonNull()	指定された参照が null 以外の場合は true を返す。それ以外は false を返す。
requireNonNull()	指定されたオブジェクト参照が null であると例外を生成する。
toString()	引数が null でない場合は toString() の呼び出し結果を返し、null の場合は "null" または 2 番目の引数で指定したデフォルト文字列を返す。

Java には、Object と Objects のように、名前の最後に s が付くか付かないかの違いだけで同じ名前のクラスやインタフェースがたくさんあります。名前の最後に s が付くものは、多くは名前の最後に s が付かないクラスやインタフェースに関連するユーティリティーメソッドを集めたクラスです。

なお、文字列として評価されるときには、null であるオブジェクトの引数のない toString() はデフォルトで "null" を返します。そのため、次のコードを実行すると「s1」は文字列 "null" に変換されて、「s1=nullabc」が出力されます。

```
String s1 = null;
s1 += "abc";      // s1 = s1.toString() + "abc";と同じ
```

```
System.out.println("s1=" + s1);
```

しかし、次の例では、append()を呼び出そうとするときに例外が発生します。

```
StringBuilder sb = null;
sb.append("abc");
System.out.println("s1=" + s1);
```

値がnullであるオブジェクトに対してメソッドを呼び出すことはできないからです。

 nullになる可能性がある値を扱うときには、Java 8で導入されたOptionalクラスを活用するとよいでしょう。Topic 5「Optional」を参照してください。

Boolean クラス

boolean型の変数の値は、必ずtrueかfalseです。一方、Booleanクラスは、値がtrueかfalseになる以外に、nullになることもあります。nullであると、次のようなコードで例外が発生します。

```
Boolean b = null;

if (b)                              // 例外が発生する

...

System.out.println(b.toString());   // 例外が発生する
```

Boolean型の値を返すメソッドなどを使うときには特に注意が必要です。

BigDecimal

　　BigDecimalは、金額の計算などによく使われます。BigDecimalを使うときには、特に注意しなければならないことがあります。
　　ひとつめは、値がnullになることがあるという点です。特に、初期化していない場合は、値はゼロではなくnullです。また、BigDecimalを返すメソッドはnullを返す可能性があります。nullであることを考慮しないでコードを書くと、例外が発生する原因となります。
　　もうひとつの点は、BigDecimalは、イミュータブル（変更されない）であるという点です。
　　詳しく説明すると、たとえば、次のようなコードがあったとします。

```
BigDecimal x = BigDecimal.valueOf(1.0);
BigDecimal y = BigDecimal.valueOf(2.0);
x.add(y);
System.out.println("x = " + x);
```

　　これを実行すると、「x = 1.0」と出力されます。xそのものは変化しないので、add()を作用させてもxは1.0のままです。xに対してadd()を作用させた結果が必要なら、次のように戻り値を使わなければなりません。

```
BigDecimal x = BigDecimal.valueOf(1.0);
BigDecimal y = BigDecimal.valueOf(2.0);

BigDecimal z = x.add(y);
```

　　これでzは3.0になります。
　　混乱するのは、次の結果が「x.add(y)=3.0」と出力されることです。

```
System.out.println("x.add(y)=" + x.add(y));
```

　　この場合、出力のときには「x.add(y)」の結果が評価されるので3.0になりますが、xそのものの値はあくまでも1.0のままです。
　　xそのものを変更したいときには、次のように再代入しても構いません。

```
x = x.add(y);
System.out.println("x = " + x);
```

これなら期待した通り、「x = 3.0」という結果になります。

COLUMN

ブールの定数式

if文で評価する式は、ブール値でtrueかfalseとして評価します。このことを利用して、if文の判断の評価式をtrueかfalseにすることで、一連のコードを有効にしたり無効にしたりすることができます。

```
if (true) {      // falseにすると{ }内のコードは無効になる。
    // 有効/無効を切り替えたいコード
}
```

あるいは、デバッグ用の定数を定義しておいて、それを活用するのもよいでしょう。

```
final boolean DEBUG_FLAG = true;   // デバッグしないときはfalseにする

// または
// static final boolean DEBUG_FLAG = true;  // デバッグしないときはfalseにする

if (DEBUG_FLAG) {

    // デバッグのためのコード

}
```

Topic 3 定数と enum

伝統的に、定数を定義するときは、インタフェースで static final を使って定義するのが作法でした。現在では、新しく導入された enum を使うことができます。

定数

これまで、定数定義には static final を使ってきました。たとえば、次のように定義します。

```
static final int MAX_AGE= 220;
static final int MAX_HEIGHT= 400;

static final String SYSTEM_NAME = "Ponkotu System";
```

static final を使った定数は名前付きの値です。そのため、たとえば System.out.println() で値を出力すると、数値や文字列などの値が出力されます。

static final を使った定数は、値そのものが重要で、かつ、単純な問題のときには便利です。

他のクラスで広く使われることを想定した定数は、通常は次のように public static final として定義します。

```
public static final double PI = 3.141592653589793
```

enum

　enumは、列挙型とも呼ぶ、特別なクラスです。Javaは、基本型を除いてすべてオブジェクトであるという意味で、`static final`を使った定数はどちらかといえば特殊な存在です。新しいプログラムでは、他に明確な理由がない限り、定数として使う値もenum型として定義するほうが一貫性があるでしょう。

　enum型は値を列挙（enumrate）する型です。最も単純な形式は次の通りです。

```
enum 名前 { メンバーリスト }
```

　たとえば、SEX（性別）という名前で、メンバーが3個のenumは次のように定義することができます。

```
enum SEX {
  MALE,
  FEMALE,
  OTHER
}
```

　状況によっては、次のようにしたほうが読みやすくなることもあるでしょう。

```
enum SEX { MALE, FEMALE, OTHER }
```

　いずれにしても、定義した定数は次のようにして参照することができます。

```
SEX.MALE
```

　次の例は、`static final`とenumで定数を定義して使う例です。

リスト 3.1 ● Const.java

```java
class Human {
  static final int MAX_AGE= 220;
  static final int MAX_HEIGHT= 400;

  public enum SEX {
```

```
      MALE,
      FEMALE,
      OTHER
    }

    void doSomething() {
      // さまざまな方法で定数にアクセスする
      System.out.println(MAX_HEIGHT);
      System.out.println(Human.MAX_HEIGHT);
      System.out.println(SEX.MALE);
      System.out.println(this.MAX_AGE);
    }
  }

  public class Const {

    public static void main(String... args) {
      System.out.println(Human.MAX_HEIGHT);
      System.out.println(Human.SEX.MALE);
      System.out.println(Human.SEX.FEMALE);

      Human man = new Human();
      man.doSomething();
    }
  }
```

enumは一種のオブジェクトですが、==演算子で比較することができます。またswitch文の定数として使うことができます。。

しかし、enumの秘めた力はこれだけではありません。

まず、enumのメンバーには個々に特定の値を持たせることができます。たとえばCOLORの定数を次のように定義することができます。

```
enum COLOR {
  RED(0xFF0000), GREEN(0xFF00), BLUE(0xFF), BLACK(0);
}
```

これで RED は 0xFF0000 という値を、GREEN は 0xFF00 という値を、BLUE は 0xFF という値を、BLACK は 0 という値をそれぞれ持つことになります。

さらに、次のように他の要素も定義できます。

```
enum COLOR {
  RED(0xFF0000) , GREEN(0xFF00), BLUE(0xFF), BLACK(0);  // メンバー
  private final int value;                               // フィールド
  COLOR(int value) { this.value = value; }               // コンストラクタ
  public int value() { return value; }                   // メソッド
}
```

この場合、COLOR という enum に、フィールドとコンストラクタ、そしてフィールドの値を返すメソッドを定義している点に注目してください。

このように定義することで、次のように使うことができます。

リスト 3.2 ● EnumColor.java

```
enum COLOR {
  RED(0xFF0000) , GREEN(0xFF00), BLUE(0xFF), BLACK(0);  // メンバー
  private final int value;                               // フィールド
  COLOR(int value) { this.value = value; }               // コンストラクタ
  public int value() { return value; }                   // メソッド
}

class Work {

  void doSomething() {
    // 定数にアクセスする
    System.out.println(COLOR.BLUE);            // 定数そのもの
    System.out.println(COLOR.BLUE.value());    // 定数の値
  }
}

public class EnumColor {

  public static void main(String... args) {
    System.out.println(COLOR.BLACK);

    Work job = new Work();
    job.doSomething();
```

```
    }
}
```

　enumのメンバーがたくさんあって、各メンバーに序数を付けたいときには、次のようにすると個々の値をそれぞれ指定しなくても済みます。

```
import java.util.HashMap;
import java.util.Map;

enum COLOR {
  RED, GREEN, BLUE, BLACK, YELLOW, PINK, WHITE, BROWN;

  static final Map<String,COLOR> colorMap =
    new HashMap<String,COLOR>();
  static {
    for (COLOR c : COLOR.values())
      colorMap.put(c.toString(), c);
  }
}
```

　こうしてみると、enumというのはclassやinterfaceによく似ていることがわかります。これはJavaの特徴です（他の多くのプログラミング言語では、enumはただ値を列挙するだけです）。

　ちなみに、やろうと思えば、定数にメソッドを実装することさえできます。

リスト 3.3 ● EnumMethod.java

```
enum Operation {
  PLUS , MINUS;

  public static double PLUS(double x, double y) {
    return x + y;
  }

  public static double MINUS(double x, double y) {
    return x + y;
  }
}
```

```
class Work {

  void doSomething() {
    // 定数で計算する
    double x = Operation.PLUS (2.0, 3.0);
    System.out.println( x );
    x = Operation.MINUS (15.0, 3.0);
    System.out.println( x );
  };
}

public class EnumMethod {
  public static void main(String... args) {
  Work job = new Work();
    job.doSomething();
  }
}
```

　すでに示したように、enumには、フィールド、コンストラクタ、メソッドを記述できます。他の多くのプログラミング言語とは違って、enumは特殊なクラスとみなすことができます。しかし、だからといってあまり突飛な使い方をすると、他のプログラマにわからないだけでなく、自分でもあとで見たときにわかりにくいプログラムになってしまうでしょう。基本的にはenumは定数定義に限って使うべきで、インタフェースやクラスの代用にするべきではありません。また、enumは実行時にただひとつのインスタンスが作成されて共用されるので、フィールドも共用されます。

 enumに関連して、java.util.EnumSet と java.util.EnumMap クラスがあります。

Topic 4　時間、日付と時刻

　　Java 5（1.5）以降のバージョンの Java では、ナノ秒単位の時間計測が可能になりました。また、日付と時刻の新しいライブラリが Java 8 で導入されました。

ナノ秒単位の計測

　　Java 5 以降、`java.lang.System` クラスに `nanoTime()` が追加されて、実行中の Java 仮想マシンの高精度時間ソースの現在値をナノ秒（10^{-9} 秒）の単位で取得することができるようになりました。そのため、それ以前の `currentTimeMillis()` によるミリ秒（10^{-3} 秒）単位の計測よりも高い精度の経過時間の測定が可能になりました。

　　ただし、`nanoTime()` は、他の日付時刻の値との関連はなく、単に経過時間測定のためだけに使います。

　　経過時間測定のための典型的な使い方は次の通りです。

```
long startTime = System.nanoTime();

// 経過時間を計測するコード群

long estimatedTime = System.nanoTime() - startTime;
```

　　次の例は、`nanoTime()` と `currentTimeMillis()` を使って同じ処理の経過時間を測定するプログラムの例です。

リスト 4.1 ● EstimTime.java

```
class Test {
  double x = 0;
  double z = 0;
```

```java
    Test (double count){
      z = count;
    }

    void doSomethind(){   // 時間がかかる作業のダミー
      System.out.println("Start");
      for (double a=0; a<z; a+=1.0)
        for (double b=0; b<z; b+=1.0)
          x = x + a * b;
      System.out.println("End");
    }
}

public class EstimTime {

  public static void main(String... args) {

    // System.nanoTime()で計測
    long startNano = System.nanoTime();

    // 経過時間を計測するコード
    Test test1 = new Test(30000);
    test1.doSomethind();

    long nanoTime = System.nanoTime() - startNano;
    System.out.println("経過時間（ナノ計測のミリ秒）=" + nanoTime * 0.000001);

    // System.currentTimeMillis()で計測
    long startMilli = System.currentTimeMillis();

    // 経過時間を計測するコード
    Test test2 = new Test(30000);
    test2.doSomethind();

    long milliTime = System.currentTimeMillis() - startMilli;
    System.out.println("経過時間（ミリ秒）=" + milliTime);

    // System.nanoTime()で計測（2回目）
    long startNano2 = System.nanoTime();

    // 経過時間を計測するコード
    Test test3 = new Test(30000);
    test3.doSomethind();
```

```
        long nanoTime2 = System.nanoTime() - startNano2;
        System.out.println("経過時間（ナノ計測のミリ秒）="  + nanoTime2 * 0.000001);
    }
}
```

なおこのプログラムを実行すると、たとえば次のような結果になります（結果の数値はシステムによって異なります）。

```
Start
End
経過時間（ナノ計測のミリ秒）=3314.617252
Start
End
経過時間（ミリ秒）=3151
Start
End
経過時間（ナノ計測のミリ秒）=2703.4971689999998
```

このことから、繰り返し同じ作業を行う場合、異なるオブジェクトを使っても、あとで行うほうが時間がかからないという傾向がわかります。

新しい日付ライブラリ

初期の Java で導入された `java.util.Date` クラスは、現在でも使うことは可能ですが、ほとんどすべてのメソッドが推奨されていないので、使うべきではありません。`java.util.Calendar` は Date クラスよりはましですが、うるう秒を扱っていないことやサマータイムの扱いなどに問題があります。

新しいプログラムで日付や時刻を扱うときには、ナノ秒単位の精度が保証されている `java.time` パッケージとそのサブパッケージのオブジェクトを使うべきです。

time に関連するパッケージを次の表に示します。

表 4.1 ● time に関連するパッケージ

パッケージ	解説
`java.time`	日付と時間、時刻に関する基本的なクラスなどのパッケージ。
`java.time.chrono`	世界のさまざまな歴を表すクラスなどのパッケージ。
`java.time.format`	日付／時間オブジェクトの書式に関するクラスなどのパッケージ。
`java.time.temporal`	日付／時間オブジェクトのフィールドに関連するクラスなどのパッケージ。
`java.time.zone`	タイムゾーンのゾーンオフセットに関連するクラスなどのパッケージ。

頻繁に使うことになる `java.time` のクラスを次の表に示します。

表 4.2 ● java.time のメンバー

名前	解説
`Clock`	タイムゾーンを使って現在の時点、日付および時間へのアクセスを提供するクロックのクラス。
`Duration`	持続時間、存続時間などの時間間隔を表すクラス。
`Instant`	ある時点の時間を表すクラス。
`LocalDate`	ISO-8601 暦体系のタイムゾーンのない日付（例：2007-12-03）を表すクラス。
`LocalDateTime`	ISO-8601 暦体系のタイムゾーンのない日付／時間（例：2007-12-03T10:15:30）を表すクラス。
`LocalTime`	ISO-8601 暦体系のタイムゾーンのない時間（例：10:15:30）を表すクラス。
`MonthDay`	ISO-8601 暦体系における月日（例：12-03）を表すクラス。
`OffsetDateTime`	ISO-8601 暦体系における UTC／グリニッジからのオフセット付きの日時（例：2007-12-03T10:15:30+01:00）を表すクラス。
`OffsetTime`	ISO-8601 暦体系における UTC／グリニッジからのオフセット付きの時間（例：10:15:30+01:00）を表すクラス。

名前	解説
`Period`	ISO-8601 暦体系における日付ベースの時間の量（例：2 年 3 か月と 4 日）を表すクラス。
`Year`	ISO-8601 暦体系における年（例：2007）を表すクラス。
`YearMonth`	ISO-8601 暦体系における年月（例：2007-12）を表すクラス。
`ZonedDateTime`	ISO-8601 暦体系によるタイムゾーン付きの日付／時間（例：2007-12-03T10:15:30+01:00 Europe/Paris）を表すクラス。
`ZoneId`	タイムゾーン ID（例：ヨーロッパ／パリ）を表すクラス。
`ZoneOffset`	グリニッジ／UTC からのタイムゾーンオフセット（例：+02:00）を表すクラス。

　`java.time` には、さらに、7 曜日（MONDAY、TUESDAY、WEDNESDAY、THURSDAY、FRIDAY、SATURDAY、SUNDAY）を表す列挙型 `DayOfWeek` と、1 年の 12 か月（JANUARY、FEBRUARY、MARCH、APRIL、MAY、JUNE、JULY、AUGUST、SEPTEMBER、OCTOBER、NOVEMBER、DECEMBER）を表す列挙型 `Month` があります。

日付と時刻

■ Instant クラス

タイムライン上のある時点を表すときには、`Instant.now()` を使うことができます。

```
Instant ins = Instant.now(); // 現在時刻を取得

System.out.println(ins.toString());
```

この出力は、「2014-12-26T22:11:25.310Z」のような形式の UTC（Coordinated Universal Time）で、日本の標準時より 9 時間遅れた時刻を表します。
この Instant は、主に経過時間や乱数の初期化などの計算に使います。
Instant クラスに実装されている主なメソッドを次の表に示します。

表 4.3 ● Instant クラスの主なメソッド

メソッド	説明
adjustInto()	指定された時間オブジェクトがこのインスタントを持つように調整する。
atOffset()	このインスタントとオフセットを組み合わせて OffsetDateTime を作成する。
atZone()	このインスタントとタイムゾーンを組み合わせて ZonedDateTime を作成する。
compareTo()	このインスタントと指定されたインスタントを比較する。
equals()	指定されたインスタントとこのインスタントが等しいかどうかをチェックする。
from()	Instant のインスタンスを時間的オブジェクトから取得する。
get()	指定されたフィールドの値をこのインスタントから int として取得する。
getEpochSecond()	Java エポック 1970-01-01T00:00:00Z からの秒数を取得する。
getLong()	指定されたフィールドの値をこのインスタントから long として取得する。
getNano()	秒の始まりから時系列の後のほうへのナノ秒数を取得する。
isAfter()	このインスタントが指定されたインスタントの後であれば true を返す。
isBefore()	このインスタントが指定されたインスタントの前であれば true を返す。
isSupported()	指定されたフィールドまたは単位がサポートされていれば true を返す。
minus()	このインスタントのコピーから指定された量を引いたものを返す。
minusMillis()	このインスタントのコピーから指定されたミリ秒単位デュレーションを引いたものを返す。
minusNanos()	このインスタントのコピーから指定されたナノ秒単位デュレーションを引いたものを返す。

メソッド	説明
minusSeconds()	このインスタントのコピーから指定された秒単位デュレーションを引いたものを返す。
now()	システムクロックまたは指定されたクロックから現在のインスタントを取得する。
ofEpochMilli()	Instant のインスタンスをエポック 1970-01-01T00:00:00Z からのミリ秒数を使って取得する。
ofEpochSecond()	Instant のインスタンスをエポック 1970-01-01T00:00:00Z からの秒数を使って取得する。
ofEpochSecond()	Instant のインスタンスをエポック 1970-01-01T00:00:00Z からの秒数と秒のナノ秒部分を使って取得する。
parse()	Instant のインスタンスをテキスト文字列（2007-12-03T10:15:30.00Z など）から取得する。
plus()	このインスタントのコピーに指定された量を加算したものを返す。
plusMillis()	このインスタントのコピーに指定されたミリ秒単位デュレーションを加算したものを返す。
plusNanos()	このインスタントのコピーに指定されたナノ秒単位デュレーションを加算したものを返す。
plusSeconds()	このインスタントのコピーに指定された秒単位デュレーションを加算したものを返す。
query()	指定された問い合わせを使ってこのインスタントを照会する。
range()	指定されたフィールドの有効な値の範囲を取得する。
toEpochMilli()	このインスタントをエポック 1970-01-01T00:00:00Z からのミリ秒数に変換する。
toString()	ISO-8601 表現によるこのインスタントの文字列表現を返す。
truncatedTo()	指定された単位に切り捨てられた状態で、この Instant のコピーを返す。
until()	もう一方のインスタントまでの時間量を指定された単位で計算する。
with()	このインスタントの調整済コピーを返す。

たとえば、UTC で「2015-10-03T10:15:30.00Z」と表される時刻の 45 秒後を UTC で表示するには次のようにします。

```
Instant ins = Instant.parse("2015-10-03T10:15:30.00Z");
System.out.println( ins.plusSeconds(45) );
```

このような値は、システム内部で使うぶんには問題ありませんし、宇宙空間を数年単位で航行する衛星の時間の計測には役立つでしょう。しかし、一般的なアプリケーションで人間が認識することを目的として頻繁に使う日付や時刻には、おそらく LocalDate、LocalDateTime、LocalTime クラスを使うでしょう。

■ LocalDate クラス

LocalDate は、ローカル日時のうち、特に年月日に焦点を当てたクラスです。LocalDate クラスの主なメソッドを次の表に示します。

表 4.4 ● LocalDate クラスの主なメソッド

メソッド	解説
adjustInto()	指定された一時オブジェクトをこのオブジェクトと同じ日付になるように調整する。
atStartOfDay()	指定された値に応じて、この日付の開始時の LocalDateTime またはゾーン付きの日付／時間を返す。
atTime()	この日付を指定された時間と組み合せて LocalDateTime を作成する。
compareTo()	この日付を別の日付と比較する。
equals()	この日付がもう一方の日付と等しい場合は true を返す。
format()	指定されたフォーマッタを使ってこの日付を書式設定する。
from()	時間的オブジェクトから LocalDate のインスタンスを取得する。
get()	指定されたフィールドの値をこの日付から int として取得する。
getChronology()	ISO 暦体系であるこの日付の暦を取得する。
getDayOfMonth()	「月の日」フィールドを取得する。
getDayOfWeek()	列挙型 DayOfWeek である曜日フィールドを取得する。
getDayOfYear()	「年の日」フィールドを取得する。
Era getEra()	この日付で使用可能な紀元を取得する。
getLong()	指定されたフィールドの値をこの日付から long として取得する。
getMonth()	列挙型 Month を使って月フィールドを取得する。
getMonthValue()	月フィールドを取得する（1-12）。
getYear()	年フィールドを取得する。
hashCode()	この日付のハッシュコード。
isAfter()	この日付が、指定された日付より後にある場合は true を返す。
isBefore()	この日付が、指定された日付より前にある場合は true を返す。
isEqual()	この日付が、指定された日付と等しい場合は true を返す。
isLeapYear()	年がうるう年である場合は true を返す。
isSupported()	指定されたフィールドか単位がサポートされている場合は true を返す。
lengthOfMonth()	この日付によって表される月の長さを返す。
lengthOfYear()	この日付によって表される年の長さを返す。
minus()	指定された量を減算したこの日付の LocalDate のコピーを返す。
minusMonths()	指定された月数を減算したこの LocalDate のコピーを返す。

メソッド	解説
minusWeeks()	指定された週数を減算したこのLocalDateのコピーを返す。
minusYears()	指定された年数を減算したこのLocalDateのコピーを返す。
now()	現在の日付を取得する。
of()	指定された引数の値に基づいてLocalDateのインスタンスを取得する。
ofEpochDay()	エポック日数からLocalDateのインスタンスを取得する。
ofYearDay()	年および「年の日」からLocalDateのインスタンスを取得する。
parse()	テキスト文字列からLocalDateのインスタンスを取得する。
plus()	指定された量を加算したこの日付のコピーを返す。
plusDays()	指定された日数を加算したこのLocalDateのコピーを返す。
plusMonths()	指定された月数を加算したこのLocalDateのコピーを返す。
plusWeeks()	指定された週数を加算したこのLocalDateのコピーを返す。
plusYears()	指定された年数を加算したこのLocalDateのコピーを返す。
query()	指定された問い合わせを使ってこの日付を問い合わせる。
range()	指定されたフィールドの有効な値の範囲を取得する。
toEpochDay()	この日付をエポック日に変換する。
toString()	この日付をStringとして出力する（2007-12-03など）。
until()	この日付からもう一方の日付までの期間を指定された量で計算する。
with()	この日付の調整済のコピーを返す。
withDayOfMonth()	「月の日」を変更してこの日付のコピーを返す。
withDayOfYear()	「年の日」を変更してこの日付のコピーを返す。
withMonth()	月を変更してこの日付のコピーを返す。
withYear()	年を変更してこの日付のコピーを返す。

LocalDateクラスを使う例を次に示します。

リスト 4.2 ● NewDate.java

```java
import java.time.LocalDate;

public class NewDate {

  public static void main(String... args) {

    LocalDate today = LocalDate.now();  // 現在時刻を取得

    System.out.println("今日は" + today.toString());
```

```
    if (today.isLeapYear())
      System.out.println(today.getYear() + "年はうるう年です。");
    else
      System.out.println(today.getYear() + "年はうるう年ではありません。");

    LocalDate someday = today.plusYears(5); // 5年後
    System.out.println("5年後は" + someday.toString());
    if (someday.isLeapYear())
      System.out.println(someday.getYear() + "年はうるう年です。");
    else
      System.out.println(someday.getYear() + "年はうるう年ではありません。");
  }
}
```

実行例を次に示します。

```
今日は2015-01-10
2015年はうるう年ではありません。
5年後は2020-01-10
2020年はうるう年です。
```

■ LocalTime クラス

　LocalTime は、ローカル日時のうち、特に時刻の表現に使う値に焦点を当てたクラスです。
　LocalTime クラスの主なメソッドを次の表に示します。

表 4.5 ● LocalTime クラスの主なメソッド

メソッド	解説
adjustInto()	指定された時間的オブジェクトを、このオブジェクトと同じ時間を持つように調整する。
atDate()	この時間を日付と組み合せて LocalDateTime を作成する。
atOffset()	この時間をオフセットと組み合せて OffsetTime を作成する。
compareTo()	この LocalTime をもう一方の時間と比較する。
equals()	この時間がもう一方の時間と等しい場合は true を返す。
format()	指定されたフォーマッタを使ってこの時間を書式設定する。
from()	時間的オブジェクトから LocalTime のインスタンスを取得する。

メソッド	解説
get()	指定されたフィールドの値をこの時間から int として取得する。
getHour()	時フィールドを取得する。
getLong()	指定されたフィールドの値をこの時間から long として取得する。
getMinute()	分フィールドを取得する。
getNano()	ナノ秒フィールドを取得する。
getSecond()	秒フィールドを取得する。
hashCode()	この時間のハッシュコード。
isAfter()	この LocalTime が指定された時間より後にあるかどうかを確認する。
isBefore()	この LocalTime が指定された時間より前にあるかどうかを確認する。
isSupported()	指定されたフィールドか単位がサポートされている場合は true を返す。
minus()	指定された量を減算してこの時間のコピーを返す。
minusHours()	指定された期間（時間数）を減算してこの LocalTime のコピーを返す。
minusMinutes()	指定された期間（分数）を減算してこの LocalTime のコピーを返す。
minusNanos()	指定された期間（ナノ秒数）を減算してこの LocalTime のコピーを返す。
minusSeconds()	指定された期間（秒数）を減算してこの LocalTime のコピーを返す。
now()	現在の時間を取得する。
of()	引数で指定された値の時と分から LocalTime のインスタンスを取得する。
ofNanoOfDay()	「1 日のうちのナノ秒」の値から LocalTime のインスタンスを取得する。
ofSecondOfDay()	「1 日のうちの秒」の値から LocalTime のインスタンスを取得する。
parse()	テキスト文字列から LocalTime のインスタンスを取得する。
plus()	指定された量を加算してこの時間のコピーを返す。
plusHours()	指定された期間（時間数）を加算してこの LocalTime のコピーを返す。
plusMinutes()	指定された期間（分数）を加算してこの LocalTime のコピーを返す。
plusNanos()	指定された期間（ナノ秒数）を加算してこの LocalTime のコピーを返す。

メソッド	解説
plusSeconds()	指定された期間（秒数）を加算してこの LocalTime のコピーを返す。
query()	指定された問い合わせを使ってこの時間を問い合わせる。
range()	指定されたフィールドの有効な値の範囲を取得する。
toNanoOfDay()	時間を 1 日のナノ秒（0 から 24 × 60 × 60 × 1,000,000,000 − 1）として抽出する。
toSecondOfDay()	時間を 1 日のうちの秒数（0 から 24 × 60 × 60 − 1）として抽出する。
toString()	この時間を String として出力する（10:15 など）。
truncatedTo()	時間が切り捨てられた、この LocalTime のコピーを返す。
until()	もう一方の時間までの時間量を指定された単位で計算する。
with()	この時間の調整済みのコピーを返す。
withHour()	時の値を変更してこの LocalTime のコピーを返す。
withMinute()	分の値を変更してこの LocalTime のコピーを返す。
withNano()	ナノ秒の値を変更してこの LocalTime のコピーを返す。
withSecond()	秒の値を変更してこの LocalTime のコピーを返す。

　LocalTime クラスを使って現在時刻を取得してラベルに表示するコードの例を次に示します。

```
// 現在時刻を取得してラベルに表示する
LocalTime now = LocalTime.now();
String txt = String.format("%02d:%02d:%02d",
        now.getHour(), now.getMinute(), now.getSecond());
label.setText(txt);
```

　これはデジタル時計の GUI アプリケーションのコードの一部で、プログラム全体については、第 2 部の Topic 18「アニメーション」を参照してください。

■ LocalDateTime クラス

LocalDateTime は、ローカル日時の日付と時間の両方を表現するクラスです。LocalDateTime クラスの主なメソッドを次の表に示します。

表 4.6 ● LocalDateTime クラスの主なメソッド

メソッド	解説
adjustInto()	指定された時間的オブジェクトをこのオブジェクトと同じ日付と時間になるように調整する。
atOffset()	この日付／時間をオフセットと組み合せて OffsetDateTime を作成する。
atZone()	この日付／時間をタイムゾーンと組み合せて ZonedDateTime を作成する。
compareTo()	この日付／時間を別の日付／時間と比較する。
equals()	この日付／時間が別の日付／時間と等しい場合は true を返す。
format()	指定されたフォーマッタを使ってこの日付／時間を書式設定する。
from()	時間的オブジェクトから LocalDateTime のインスタンスを取得する。
get()	指定されたフィールドの値をこの日付／時間から int として取得する。
getDayOfMonth()	「月の日」フィールドを取得する。
getDayOfWeek()	列挙型 DayOfWeek である曜日フィールドを取得する。
getDayOfYear()	「年の日」フィールドを取得する。
getHour()	時フィールドを取得する。
getLong()	指定されたフィールドの値をこの日付／時間から long として取得する。
getMinute()	分フィールドを取得する。
getMonth()	列挙型 Month を使って月フィールドを取得する。
getMonthValue()	月フィールドを取得する（1-12）。
getNano()	ナノ秒フィールドを取得する。
getSecond()	秒フィールドを取得する。
getYear()	年フィールドを取得する。
hashCode()	この日付／時間のハッシュコード。
isAfter()	この日付／時間が、指定された日付／時間より後にある場合は true を返す。
isBefore()	この日付／時間が、指定された日付／時間より前にある場合は true を返す。
isEqual()	この日付／時間が、指定された日付／時間と等しい場合は true を返す。
isSupported()	指定されたフィールドか単位がサポートされている場合は true を返す。
minus()	指定された量を減算したこの日付／時間のコピーを返す。
minusDays()	指定された日数を減算したこの LocalDateTime のコピーを返す。
minusHours()	指定された時間数を減算したこの LocalDateTime のコピーを返す。
minusMinutes()	指定された分数を減算したこの LocalDateTime のコピーを返す。
minusMonths()	指定された月数を減算したこの LocalDateTime のコピーを返す。

メソッド	解説
minusNanos()	指定されたナノ秒数を減算したこの LocalDateTime のコピーを返す。
minusSeconds()	指定された秒数を減算したこの LocalDateTime のコピーを返す。
minusWeeks()	指定された週数を減算したこの LocalDateTime のコピーを返す。
minusYears()	指定された年数を減算したこの LocalDateTime のコピーを返す。
now()	現在の日付／時間を取得する。
of()	引数で指定された LocalDateTime のインスタンスを取得する。
ofEpochSecond()	エポックからの秒数を使って LocalDateTime のインスタンスを取得する。
ofInstant()	Instant およびゾーン ID から LocalDateTime のインスタンスを取得する。
parse()	テキスト文字列から LocalDateTime のインスタンスを取得する。
plus()	指定された量を加算したこの日付／時間のコピーを返す。
plusDays()	指定された日数を加算したこの LocalDateTime のコピーを返す。
plusHours()	指定された時間数を加算したこの LocalDateTime のコピーを返す。
plusMinutes()	指定された分数を加算したこの LocalDateTime のコピーを返す。
plusMonths()	指定された月数を加算したこの LocalDateTime のコピーを返す。
plusNanos()	指定されたナノ秒数を加算したこの LocalDateTime のコピーを返す。
plusSeconds()	指定された秒数を加算したこの LocalDateTime のコピーを返す。
plusWeeks()	指定された週数を加算したこの LocalDateTime のコピーを返す。
plusYears()	指定された年数を加算したこの LocalDateTime のコピーを返す。
query()	指定された問合せを使ってこの日付／時間を問い合わせる。
range()	指定されたフィールドの有効な値の範囲を取得する。
toLocalDate()	この日付／時間の LocalDate 部分を取得する。
toLocalTime()	この日付／時間の LocalTime 部分を取得する。
toString()	この日付／時間を String として出力する（2007-12-03T10:15:30 など）。
truncatedTo()	時間が切り捨てられた、この LocalDateTime のコピーを返す。
until()	もう一方の日付／時間までの時間量を指定された単位で計算する。
with()	この日付／時間の調整済みのコピーを返す。
withDayOfMonth()	「月の日」を変更してこの LocalDateTime のコピーを返す。
withDayOfYear()	「年の日」を変更してこの LocalDateTime のコピーを返す。
withHour()	時の値を変更してこの LocalDateTime のコピーを返す。
withMinute()	分の値を変更してこの LocalDateTime のコピーを返す。
withMonth()	月の値を変更してこの LocalDateTime のコピーを返す。
withNano()	ナノ秒の値を変更してこの LocalDateTime のコピーを返す。
withSecond()	秒の値を変更してこの LocalDateTime のコピーを返す。
withYear()	年の値を変更してこの LocalDateTime のコピーを返す。

LocalDateTime クラスを使う例を次に示します。

リスト 4.3 ● LocalDT.java

```java
import java.time.LocalDateTime;

public class LocalDT {

  public static void main(String... args) {
    LocalDateTime now = LocalDateTime.now(); // 現在の日時を取得
    System.out.println( now.toString() + "[ローカル時刻]");

    System.out.println( now.plusHours(2).toString() + "[2時間後]");
    System.out.println( now.plusDays(100).toString() + "[100日後]");
    System.out.println( now.plusYears(3).toString() + "[3年後]");
    System.out.println( now.minusHours(2).toString() + "[2時間前]");
    System.out.println( now.minusDays(100).toString() + "[100日前]");
    System.out.println( now.minusYears(3).toString() + "[3年前]");
  }
}
```

このプログラムを実行すると、たとえば次のように出力されます。

```
2015-01-10T16:20:46.658[ローカル時刻]
2015-01-10T18:20:46.658[2時間後]
2015-04-20T16:20:46.658[100日後]
2018-01-10T16:20:46.658[3年後]
2015-01-10T14:20:46.658[2時間前]
2014-10-02T16:20:46.658[100日前]
2012-01-10T16:20:46.658[3年前]
```

ゾーン

地球の各地の時間は地域によって異なります。この地域をゾーンと言い、`java.time.ZoneId`に定義されています。

次のプログラムは、利用できるゾーンの名前を出力するプログラムの例です。

リスト 4.4 ● ZoneList.java

```java
import java.time.ZoneId;
import java.util.Set;

public class ZoneList {

  public static void main(String... args) {
    Set<String> zones = ZoneId.getAvailableZoneIds();

    int count = 0;
    for(String s: zones){
      if (++count % 5 == 0)
        System.out.println(s);
      else
        System.out.print(s + ":");
    }
  }
}
```

これを実行すると次のようなリストが得られます。

```
Asia/Aden:America/Cuiaba:Etc/GMT+9:Etc/GMT+8:Africa/Nairobi
America/Marigot:Asia/Aqtau:Pacific/Kwajalein:America/El_Salvador:Asia/Pontianak
Africa/Cairo:Pacific/Pago_Pago:Africa/Mbabane:Asia/Kuching:Pacific/Honolulu
Pacific/Rarotonga:America/Guatemala:Australia/Hobart:Europe/London:America/Belize
America/Panama:Asia/Chungking:America/Managua:America/Indiana/Petersburg:Asia/Yerevan
Europe/Brussels:GMT:Europe/Warsaw:America/Chicago:Asia/Kashgar
Chile/Continental:Pacific/Yap:CET:Etc/GMT-1:Etc/GMT-0
Europe/Jersey:America/Tegucigalpa:Etc/GMT-5:Europe/Istanbul:America/Eirunepe
Etc/GMT-4:America/Miquelon:Etc/GMT-3:Europe/Luxembourg:Etc/GMT-2
Etc/GMT-9:America/Argentina/Catamarca:Etc/GMT-8:Etc/GMT-7:Etc/GMT-6
    :
```

```
           略
           :
Asia/Calcutta:America/Argentina/Tucuman:Asia/Kabul:Indian/Cocos:Japan
Pacific/Tongatapu:America/New_York:Etc/GMT-12:Etc/GMT-11:Etc/GMT-10
SystemV/YST9YDT:Etc/GMT-14:Etc/GMT-13:W-SU:America/Merida
EET:America/Rosario:Canada/Saskatchewan:America/St_Kitts:Arctic/Longyearbyen
America/Caracas:America/Guadeloupe:Asia/Hebron:Indian/Kerguelen:SystemV/PST8PDT
Africa/Monrovia:Asia/Ust-Nera:Egypt:America/North_Dakota/New_Salem:Asia/Anadyr
Australia/Melbourne:Asia/Irkutsk:America/Shiprock:America/Winnipeg:Europe/Vatican
Asia/Amman:Etc/UTC:SystemV/AST4ADT:Asia/Tokyo:America/Toronto
Asia/Singapore:Australia/Lindeman:America/Los_Angeles:SystemV/EST5EDT:Pacific/Majuro
America/Argentina/Buenos_Aires:Europe/Nicosia:Pacific/Guadalcanal:Europe/Athens:US/Pacific
Europe/Monaco:
```

このリストにある「Asia/Aden」、「Japan」、「America/Denver」、America/Panama」などが定義されているゾーンの名前です。

次の例はざまざまなゾーンの現在時間を表示するプログラムの例です。

リスト 4.5 ● WorldTime.java

```java
import java.time.Instant;
import java.time.LocalDateTime;
import java.time.ZoneId;
import java.time.ZonedDateTime;

public class WorldTime {

  public static void main(String... args) {
    LocalDateTime now = LocalDateTime.now(); // 現在の日時を取得
    System.out.println( now.toString() + "[ローカル時刻]" );

    Instant ins = Instant.now();

    printZoneTime(ins, "Etc/GMT-0");
    printZoneTime(ins, "Japan");
    printZoneTime(ins, "America/Denver");
    printZoneTime(ins, "America/Panama");
    printZoneTime(ins, "Pacific/Midway");
    printZoneTime(ins, "Asia/Calcutta");
    printZoneTime(ins, "Asia/Dubai");
    printZoneTime(ins, "Africa/Nairobi");
  }
```

```
  static void printZoneTime(Instant ins, String zone){
      ZonedDateTime zoned = ins.atZone(ZoneId.of(zone));
      System.out.printf("%04d-%02d-%02d %02d:%02d:%02d[%s]¥n",
      zoned.getYear(), zoned.getMonthValue(), zoned.getDayOfMonth(),
      zoned.getHour(), zoned.getMinute(), zoned.getSecond(), zone);
  }
}
```

このプログラムを実行すると、たとえば次のように出力されます。

```
2015-01-10T16:22:58.342[ローカル時刻]
2015-01-10 07:22:58[Etc/GMT-0]
2015-01-10 16:22:58[Japan]
2015-01-10 00:22:58[America/Denver]
2015-01-10 02:22:58[America/Panama]
2015-01-09 20:22:58[Pacific/Midway]
2015-01-10 12:52:58[Asia/Calcutta]
2015-01-10 11:22:58[Asia/Dubai]
2015-01-10 10:22:58[Africa/Nairobi]
```

日本の歴

java.time.chrono パッケージには、JapaneseDate クラスと JapaneseEra クラスがあります。

JapaneseEra クラスには年号の時代を表すフィールドが定義されています。JapaneseEra クラスの static フィールドを次の表に示します。

表 4.7 ● JapaneseEra クラスのフィールド

フィールド	説明
HEISEI	値 2 を持つ「平成」時代（1989-01-08 - 現在）のシングルトンインスタンス。
MEIJI	値 −1 を持つ「明治」時代（1868-01-01 - 1912-07-29）のシングルトンインスタンス。
SHOWA	値 1 を持つ「昭和」時代（1926-12-25 - 1989-01-07）のシングルトンインスタンス。
TAISHO	値 0 を持つ「大正」時代（1912-07-30 - 1926-12-24）のシングルトンインスタンス。

次の例は JapaneseDate クラスと JapaneseEra クラスを使うプログラムの例です。

リスト 4.6 ● JpDays.java

```java
import java.time.chrono.JapaneseDate;
import java.time.chrono.JapaneseEra;

public class JpDays {

  public static void main(String... args) {

    JapaneseDate jd = JapaneseDate.now();
    System.out.println(jd.toString());

    System.out.println( JapaneseDate.of(JapaneseEra.HEISEI, 28, 6, 30) );
    System.out.println( JapaneseDate.of(2015, 8, 15) );
    System.out.println( JapaneseDate.of(1955, 12, 5) );
  }
}
```

これを実行すると、たとえば次のように出力されます。

```
Japanese Heisei 26-12-28
Japanese Heisei 28-06-30
Japanese Heisei 27-08-15
Japanese Showa 30-12-05
```

COLUMN Java のバージョン表記

Java（SE）のバージョン番号は、1.0、1.1、1.2、1.3、1.4 と続いたあと、5.0、6、7、8 という番号が付けられています。

バージョン	リリース年	内容
1.0	1996	最初のバージョン
1.1	1997	国際化対応、JDBC
1.2	1998	Swing、リフレクション、コレクションフレームワーク
1.3	2000	HotSpot
1.4	2002	正規表現、ロギング、NIO（New I/O）、assert
5.0	2004	ジェネリックス、オートボクシング、enum 型、拡張 for 命令
6	2006	Unicode 正規化、JDBC 4.0
7	2011	ダイヤモンド演算子、try-with-resources、NIO（New I/O）2
8	2014	ラムダ式、ストリーム処理、仮想拡張メソッド、新しい日付ライブラリ

Java 8 のドキュメントやツール、ファイルやディレクトリの名前などのバージョン表記には、Java 1.8.0 や Java SE-1.8 のような表記があちこちにあります。Java のバージョン表記の 1.8.0 や 1.8 などは、バージョン 1.4 までの Java とは異なり、Java 8 のバージョン表記です。同様に、バージョン 5 を 1.5、バージョン 6 を 1.6 などと表記することもあります。

Topic 5 Optional

java.util.Optional は Java 8 で新たに導入されたクラスです。

Optional クラス

Optional クラスは null になる可能性がある値を保存するときに使います。
たとえば、次のようなコードがあるとします。

```
int len = s.length();
```

このコードは、もし s が null である場合、例外が発生して（例外を処理しなければ）プログラムが終了してしまうので、好ましくないコードであると言えます。

それを避けるために、従来なら次のように書くことが一般的でした。

```
String s = null;
int len = 0;

       :                   // (1)

if ( s != null)
  len = s.length();

       :                   // (2)
```

しかし、これでは s が null でないときしか s の長さが変数 len に保存されません。len をこれ以前の (1) のところで何らかの目的で使っていて、len の値がたとえば 8 になっていたとすると、if 文を過ぎた後の (2) は s が null であっても len は 8 になっています。おそらく、ここでは s が null であるときでも s を評価して、s が null である場合には len の値を 0 か、あるいは −99 などの特定の値にしたいでしょう。

従来の方法を使うなら、次のようにすることもできます。

```
String s = …;

if ( s != null)
  len = s.length();
else
  len = 0;
```

しかし、このようなときにOptionalを使うと、よりスマートに記述できます。

```
String s = …;

// nullであっても例外は発生しない。
Optional <String> os = Optional.ofNullable(s);
int len = os.orElse("").length();
```

Optional.ofNullable()はnullである可能性がある値をOptionalクラスで包み込みます。

もちろん、次のように1行にしてしまっても構いません。

```
int len = Optional.ofNullable(s).orElse("").length();
```

これで文字列変数sがたとえnullであっても、期待した結果になります。

また、Optional.ifPresent()を使えば、次のようにすることでsがnullでないときだけ出力することができます。

```
Optional <String> os = Optional.ofNullable(s);

os.ifPresent(System.out::println);
```

または、同じことをラムダ式で次のように記述することもできます。

```
Optional.ofNullable(s).ifPresent(n -> {System.out.println(n);} );
```

これはデバッグのための出力などに使うととても便利です。

この単純な例ではその効果がわかりにくいかもしれませんが、大きなプログラムを書くときにはnullを返す可能性があるメソッドを書く必要があることがあるでしょう。そのようなメソッドを使うときには常にnullになる可能性を考慮しなければな

りませんが、そのたびに「if (x != null) …」のようなコードを記述するのは現実的ではありません。そのような場合に、Optional クラスを活用することができます。

Optional クラスのメソッド

Optional クラスの主なメソッドを次の表に示します。

表 5.1 ● Optional クラスの主なメソッド

メソッド	説明
empty()	空の Optional インスタンスを返す。
equals()	一部の他のオブジェクトがこの Optional と等しいとき true を返す。
filter()	値が存在し、それが指定された述語に一致する場合はその値を表す Optional を返し、そうでない場合は空の Optional を返す。
flatMap()	値が存在する場合は、指定された Optional 生成マッピング関数をその値に適用し、その結果を返す。そうでない場合は空の Optional を返す。
get()	この Optional に値が存在する場合は値を返し、それ以外の場合は NoSuchElementException をスローする。
hashCode()	存在する値のハッシュコード値を返し、値が存在しない場合は 0（ゼロ）を返す。
ifPresent()	値が存在する場合は指定されたコンシューマをその値で呼び出し、それ以外の場合は何も行わない。
isPresent()	存在する値がある場合は true を返し、それ以外は false を返す。
map()	値が存在する場合は、指定されたマッピング関数をその値に適用し、結果が null でなければ結果を記述する Optional を返す。
of()	指定された非 null 値を含む Optional を返す。
ofNullable()	指定された値が null でない場合はその値を表す Optional を返し、それ以外の場合は空の Optional を返す。
orElse()	存在する場合は値を返し、それ以外の場合は other を返す。
orElseGet()	値が存在する場合はその値を返し、そうでない場合は other を呼び出し、その呼び出しの結果を返す。
orElseThrow()	値が存在する場合は、その含まれている値を返し、それ以外の場合は、指定されたサプライヤによって作成された例外をスローする。
toString()	デバッグに適しているこの Optional の空ではない文字列表現を返す。

次に、Optional クラスのメソッド filter() を使ったフィルタリングの例を示します。filter() は、条件に一致したオブジェクトだけを取り出します。

次のような犬の名前と年齢を保存する Dog クラスがあるものとします。

```
class Dog {

  String dogName;   // フィールド宣言
  int dogAge;

  public Dog(String name, int age) // コンストラクタ
  {
    dogName = name;
    dogAge = age;
  }

  public String getName() {
    return dogName;
  }

  public int getAge() {
    return dogAge;
  }
    // hashCode()とequals()のオーバーライドは省略
}
```

犬のリスト dogs を作って、4 匹の犬を追加します。

```
List<Dog> dogs = new ArrayList<Dog>();
dogs.add(new Dog("Pochi", 3));
dogs.add(new Dog("Kenta", 2));
dogs.add(new Dog("Rally", 2));
dogs.add(new Dog("chiro", 3));
```

この中から年齢が 3 歳の犬を取り出すには、たとえば filter() と ifPresent() を使って次のようにします。

```
for (Dog dog : dogs) {
  Optional<Dog> od = Optional. ofNullable(dog);
  od.filter(d -> d.getAge() == 3).ifPresent(d -> System.out.println(d.getName()));
}
```

さらに省略して次のようにしても構いません。

```
for (Dog dog : dogs)
  Optional.ofNullable (dog).filter(d -> d.getAge() == 3)
      .ifPresent(d -> System.out.println(d.getName()));
```

このコードは「.ifPresent(...」の前で、紙面の都合で改行しています（論理的には 1 行のコードです）。

この例はもちろん if 文を使って記述することもできます。

```
for (Dog dog : dogs) {
  if (dog.getAge() == 3)
    System.out.println(dog.getName());
```

しかし、このプログラムがもっと大規模で、実行時に何らかの理由で dogs の中のいずれかの dog が null になった場合、上記の if 文を使ったコードでは例外を生成して実行を中止してしまいます。しかし、Optional を使ったコードのほうは問題なく実行されます。

実行できるプログラム全体は次のようになります。

リスト 5.1 ● filterDogs.java

```java
import java.util.ArrayList;
import java.util.List;
import java.util.Optional;

class Dog {

  String dogName;   // フィールド宣言
  int dogAge;

  public Dog(String name, int age) // コンストラクタ
  {
    dogName = name;
    dogAge = age;
  }

  public String getName() {
    return dogName;
  }
```

```
  public int getAge() {
    return dogAge;
  }
  //  hashCode()とequals()のオーバーライドは省略
}

public class filterDogs {

  public static void main(String... args) {

    List<Dog> dogs = new ArrayList<Dog>();
    dogs.add(new Dog("Pochi", 3));
    dogs.add(new Dog("Kenta", 2));
    dogs.add(new Dog("Rally", 2));
    dogs.add(new Dog("chiro", 3));

    for (Dog dog : dogs) {
      Optional<Dog> od = Optional. ofNullable(dog);
      od.filter(d -> d.getAge() == 3).ifPresent(d -> System.out.println(d.getName()));
    }
  }
}
```

 Optionalの関連クラスとして、さらに、OptionalDouble、OptionalInt、OptionalLongの各クラスがあります。たとえば、OptionalIntは整数の値を保存するときに使います。

Topic 6 ラムダ式

ラムダ式とは、メソッドを式として記述できるJava 8で導入された機能です。

ラムダ式の概要

ラムダ式（Lambda Expression）を使うと、次のような書式で実行するコードを簡潔に記述できるようになります。

```
( args ) -> { prog }
```

ここで、*args*は引数、*prog*は実行するコードです。
　引数は複数でもよく、また引数なしでも構いません。引数が1個だけのときは、引数を囲む()を省略することができます。その場合は、引数の型も省略しなければなりません。また、実行するコードも複数でもよく、ステートメントがひとつだけのときにはコードを囲む{}を省略することができます。

ここでひとつの例を示します。これからJavaでJavaFXを使ってGUIプログラミングをすると、おそらく頻繁に見ることになるコードの例です。

```
( event ) -> { lblMsg.setText("Clicked"); }
```

このコードは、たとえばbtnOkという名前のButtonのsetOnAction()の引数として次のように使います。

```
btnOk.setOnAction( ( event ) -> { lblMsg.setText("Clicked"); } );
```

これはGUIコンポーネントであるButton（ボタン）のイベントハンドラです。btnOkという名前のButtonがクリックされると、eventという引数に対し

て、lblMsgというオブジェクトのメソッドsetText()を実行します。その結果、lblMsgという名前のラベルに「Clicked」と表示されます。

　この場合、ラムダ式の引数は1個であり、実行するコードもひとつなので、省略して次のように書くこともできます。

```
btnOk.setOnAction(event -> lblMsg.setText("Clicked"));
```

　この例のように、たとえば関数呼び出しの引数としてラムダ式を記述することができます。

このコードの実行できるプログラム全体は、第2部のTopic 14「JavaFX」に掲載してあります。また、第2部のTopic 26「マルチスレッド」の「Runnableインタフェース」にもラムダ式の使用例があります。

匿名クラス

匿名クラスは、名前のないクラスです。メソッドがひとつだけの匿名クラスは、ラムダ式で簡潔に記述できます。

たとえば、次のようなフィールドを持つ City クラスを作ったとします。

```
class City {
  String cityName;  // 市の名前
  String citiYomi;  // 市の名前の読み
}
```

この City のコレクションを読み順という特定の条件でソートしたい場合に、従来は次のような匿名クラスを作っていました。

```
Collections.sort(cities, new Comparator<City>(){
  @Override
  public int compare(City c1, City c2) {
    return c1.citiYomigana.compareTo(c2.citiYomigana);
  }
});
```

これはラムダ式を使って次のように書き換えることができます。

```
Collections.sort(cities, (c1,c2)->{return c1.citiYomigana.compareTo(c2.citiYomi);});
```

「(c1,c2)->{return c1.citiYomigana.compareTo(c2.citiYomi);}」の部分がラムダ式です。この例でも、ラムダ式はメソッドの引数として記述していることに注意してください。

ここで使っている Collections.sort() の書式は次の通りです。

```
public static <T> void sort(List<T> list, Comparator<? super T> c)
```

この場合、sort() の第二の引数にはインタフェース Comparator<T> のオブジェクトが必要ですが、ラムダ式を使えば、「new Comparator<City>()」を使ってオブジェクトを作ることなく、単にラムダ式を記述するだけで済みます。

実行できるプログラム全体は次のようになります。

リスト 6.1 ● SortCity.java

```java
import java.util.ArrayList;
import java.util.Collections;
import java.util.Comparator;
import java.util.List;

class City {
  String cityName;                    // フィールド
  String citiYomi;

  City(String name, String furigana){ // コンストラクタ
    cityName = name;
    citiYomi = furigana;
  }

  void ptint(){                       // メソッド
    System.out.println(cityName);
  }
}

public class SortCity {

  public static void main(String... args) {

    List<City> cities = new ArrayList<>();
    cities.add( new City("津市","ツシ"));
    cities.add( new City("横浜市","ヨコハマシ"));
    cities.add( new City("柏市","カシワシ"));
    cities.add( new City("郡上八幡市","グジョウハチマンシ"));

    Collections.sort(cities, (c1,c2)->{return c1.citiYomi.compareTo(c2.citiYomi);});
    // 匿名クラスを使うなら上のコードの代わりに次のコードを使う
    //   Collections.sort(cities, new Comparator<City>(){
    //     @Override
    //     public int compare(City c1, City c2) {
    //       return c1.citiYomi.compareTo(c2.citiYomi);
    //     }
    //   });

    for(City c : cities)
```

```
        c.ptint();
    }
}
```

> **Note** 匿名クラスは、ほとんどの場合、容易にラムダ式に書き換えることができます。ただし、匿名クラスとラムダ式は同じものではありません。匿名クラスは名前はありませんが、クラスです。そのため、匿名クラスの中で this を参照するとその匿名クラスのインスタンスを指します。一方、ラムダ式は式なので、ラムダ式の中で this を参照するとその式が含まれているクラスのインスタンスを指します。

メソッド参照

メソッド参照は、他のメソッドに渡してメソッドを実行することができるもうひとつの方法です。

メソッド参照の基本的な書式は、次の通りです。

```
class::method
```

ここで、classはクラス名、methodはメソッド名です。
または、次の形式で使います。

```
instatnce::method
```

ここで、instanceはインスタンス名、methodはメソッド名です。
つまり、クラス名またはオブジェクト名（インスタンス名）と、メソッド名を2個のコロン（::）でつなげて記述します。

オブジェクト（インスタンス）が自分自身の場合は、オブジェクト名は this になります。

```
this::method
```

とても単純なメソッド参照の例として、List の forEach() に対して、System.out の println() を実行して List の要素をすべて出力するコードの例を示します。次のような、3匹の犬の名前を保存した List があるとします。

```
List<String> dogs = Arrays.asList("Pochi", "Kenta", "Chiro");
```

この要素をそれぞれ出力するには、List.forEach() の引数に、println() のメソッド参照を指定します。

```
dogs.forEach( System.out::println );
```

この単純なメソッド参照の例の実行できる全体を次に示します。

リスト 6.2 ● RefMethd.java

```java
import java.util.Arrays;
import java.util.List;

public class RefMethd {

  public static void main(String... args) {

    List<String> dogs = Arrays.asList("Pochi", "Kenta", "Chiro");

    dogs.forEach(System.out::println);
  }
}
```

Topic 7 Stream

ストリームは、ある処理の出力を次の入力に渡すことによって処理をつなげる技術です。メソッド参照やラムダ式は、Streamと共に頻繁に使われます。

ストリームの概要

ストリームは、次の図に示すように、ある処理の出力を次の入力に渡すことによって処理をつなげる技術です。必要に応じて、処理はいくつでもつなげることができます。

図7.1 ●ストリーム処理の概念

> **Note**
> ストリーム処理は、parallelStream() を使うだけで、可能であれば、各ストリーム処理が並列で実行されるようになります。そのため、各処理が終わってから次の処理を行う場合よりも早く処理全体を完了できることが期待できます（例はこのTopicのあとのほうの「数値ストリーム」で示します）。

インタフェース Stream<T> には、次の表に示すメソッドがあります。

表 7.1 ● Stream<T> のメソッド

メソッド	解説
allMatch()	ストリームのすべての要素が指定された述語に一致するかどうかを返す。
anyMatch()	ストリームのいずれかの要素が指定された述語に一致するかどうかを返す。
builder()	ストリームのビルダーを返す。
close()	ストリームを閉じる。その結果、このストリームパイプラインのすべてのクローズハンドラが呼び出される。
collect()	ストリームの要素に対する可変リダクション操作を実行する。
concat()	2個のストリームの全要素を連結したものを要素に持つ遅延連結ストリームを作成する。
count()	ストリームの要素の個数を返す。
distinct()	ストリームの重複を除いた要素から構成されるストリームを返す。
empty()	空の順次ストリームを返す。
filter()	ストリームの要素のうち指定された述語に一致するものから構成されるストリームを返す。
findAny()	ストリームのある要素を記述する `Optional` または空の `Optional` を返す。
findFirst()	ストリームの最初の要素を記述する `Optional` または空の `Optional` を返す。
flatMap()	ストリームの各要素をマップされたストリームの内容で置き換えた結果からなるストリームを返す。
flatMapToDouble()	ストリームの各要素をマップされたストリームの内容で置き換えた結果から構成される `DoubleStream` を返す。
flatMapToInt()	ストリームの各要素をマップされたストリームの内容で置き換えた結果からなる `IntStream` を返す。
flatMapToLong()	ストリームの各要素をマップされたストリームの内容で置き換えた結果からなる `LongStream` を返す。
forEach()	ストリームの各要素に対してアクションを実行する。
forEachOrdered()	ストリームの各要素に対してアクションを実行する。ストリームの検出順が定義されている場合は実行順はその順番になる。
generate()	指定された `Supplier` によって生成される要素を含む、順序付けされていない無限順次ストリームを返す。
isParallel()	終端操作が実行された場合にこのストリームが並列実行されるかどうかを返す。
iterate()	初期要素に関数を繰り返し適用することで生成される、順序付けされた無限順次ストリームを返す。
iterator()	ストリームの要素のイテレータを返す。
limit()	ストリームの要素を指定されたサイズ以内の長さに切り詰めた結果からなるストリームを返す。
map()	ストリームの要素に指定された関数を適用した結果から構成されるストリームを返す。

メソッド	解説
mapToDouble()	ストリームの要素に指定された関数を適用した結果から構成される DoubleStream を返す。
mapToInt()	ストリームの要素に指定された関数を適用した結果から構成される IntStream を返す。
mapToLong()	ストリームの要素に指定された関数を適用した結果から構成される LongStream を返す。
max()	指定された Comparator に従ってストリームの最大要素を返す。
min()	指定された Comparator に従ってストリームの最小要素を返す。
noneMatch()	指定された述語に一致する要素がこのストリーム内に存在しないかどうかを返す。
of()	指定された値を要素に持つ順序付けされた順次ストリームか単一要素を含む順次ストリームを返す。
onClose()	追加のクローズハンドラを含む同等のストリームを返す。
parallel()	同等の並列ストリームを返す。
peek()	ストリームの要素からなるストリームを返すほか、その結果のストリームから消費される各要素に対し、指定されたアクションを実行する。
reduce()	累積関数を使ってストリームの要素に対してリダクションを実行し、リデュースされた値を返す。
sequential()	同等の順次ストリームを返す。
skip()	ストリームの最初の指定された数の要素を破棄した残りの要素で構成されるストリームを返す。
sorted()	ストリームの要素をソートした結果から構成されるストリームを返す。
spliterator()	ストリームの要素のスプリッテレータを返す。
toArray()	ストリームの要素を含む配列を返す。
unordered()	同等の順序付けされていないストリームを返す。

単純な Stream の例

最も単純な Strem は、ストリームを作成して、それを使う（出力する）ような操作です。

たとえば、リストの要素である名前をソートしてから出力したいとします。その場合、次のように処理をつなげることができます。

```
dogs.stream().sorted(String::compareTo)
        .forEach(System.out::println);
```

これは、最初にメソッド参照 String::compareTo を伴う sorted() で List の内容をソートしてストリームとして次の処理に渡し、渡されたストリームを System.out::println を伴う forEach() で処理して出力します。

このコードは、理論的には次のように 1 行で記述できるコードです。

```
dogs.stream().sorted(String::compareTo).forEach(System.out::println);
```

しかし、よりわかりやすいように、慣例として最初に示したようにストリームの各段階で改行して記述します。

単にソートするだけで何も返さない List.sort() とは異なり、stream の sorted() はストリームの要素をソートした結果から構成されるストリームを返すという点に注意してください。返されたストリームは次の forEach() の入力となります。

プログラム全体は次のようになります。

リスト 7.1 ● RefSort.java

```java
import java.util.Arrays;
import java.util.List;

public class RefSort {

  public static void main(String... args) {

    List<String> dogs = Arrays.asList("Pochi", "Kenta", "Chiro");

    dogs.stream().sorted(String::compareTo)
            .forEach(System.out::println);
```

    }
}

 大文字／小文字を無視して名前を比較したいときには、compareTo() の代わりに compareToIgnoreCase() を使います。

まったく同じことを、ラムダ式を使って記述することもできます。

リスト 7.2 ● LambSort.java

```java
import java.util.Arrays;
import java.util.List;

public class LambSort {

  public static void main(String... args) {

    List<String> dogs = Arrays.asList("Pochi", "Kenta", "Chiro");

    dogs.stream().sorted((s1, s2) -> s1.compareTo(s2))
                 .forEach((s) -> System.out.println(s));
  }
}
```

　　　メソッド参照がラムダ式に置き換えられただけで、ほかには何も変わっていません。
　　　ほとんどの場合、メソッド参照が使える場面ではラムダ式を使うことができ、その逆もまた可能です。どちらを使うのかということは、可読性や慣例に従って決めることになります。技術的に優劣を決定する要素はありません。

中間処理

ストリームの最初の例は、ソートしたストリームを作成して、それを出力する、という2段階の操作だけでしたが、さらに処理を追加することができます。たとえば、次のような一連の処理をストリームで処理することができます。

1. 名前を大文字にする
2. ソートする
3. 出力する

コードは次のようになります。

```
dogs.stream().map(String::toUpperCase)       // 1.名前を大文字にする
            .sorted(String::compareTo)       // 2.ソートする
            .forEach(System.out::println);   // 3.出力する
```

プログラム全体は次のようになります。

リスト7.3 ● UpperSort.java

```
import java.util.Arrays;
import java.util.List;

public class UpperSort {

  public static void main(String... args) {

    List<String> dogs = Arrays.asList("Pochi", "Kenta", "Chiro");

            // 1.名前を大文字にする
    dogs.stream().map(String::toUpperCase)
            // 2.ソートする
            .sorted(String::compareTo)
            // 3.出力する
            .forEach(System.out::println);
  }
}
```

この例では中間処理はひとつだけですが、さらに処理をいくつでも実行することができます。

数値ストリーム

汎用のStremに加えて、数値型に特化した数値ストリームのインタフェースがあります。数値ストリームのインタフェースを次の表に示します。

表7.2 ●数値ストリーム

ストリーム	解説
IntStream	順次／並列の集約操作をサポートするプリミティブint値要素のシーケンス。
LongStream	順次／並列の集約操作をサポートするプリミティブlong値要素のシーケンス。
DoubleStream	順次／並列の集約操作をサポートするプリミティブdouble値要素のシーケンス。

次の例は、IntStreamを使ってオス犬の年齢の合計を計算する例です。Dogクラスには、名前（name）、年齢（age）、性別（sex）のフィールドがあり、ストリーム処理でオスだけを選ぶフィルタをかけてから、年齢の合計を計算します。この例では（事実上、意味はないですが）parallelStream()を使っています。これは前の処理が終わった段階で結果（sum）が出るような場合でも、難しいことは何も考えずに並列化できる可能性があることを示しており、単にparallelStream()をstream()に書き換えることもできます。

リスト 7.4 ● IntStrm.java

```java
import java.util.ArrayList;
import java.util.List;

class Dog{
  String name;                                  // フィールド
  int age;
  int sex;    // 0:オス、1:メス

  Dog(String dogname, int dogage, char dogsex){    // コンストラクタ
    name = dogname;
```

```
    age = dogage;
    if (dogsex == 'm')
      sex = 0;
    else
      sex = 1;
  }

  int getAge(){                                  // メソッド
    return age;
  }
  int getSex(){
    return sex;
  }
}

public class IntStrm {

  public static void main(String... args) {

    List<Dog> dogs = new ArrayList<Dog>();
    dogs.add(new Dog("Pochi", 3, 'm'));
    dogs.add(new Dog("Hana", 2, 'f'));
    dogs.add(new Dog("Kenta", 2, 'm'));
    dogs.add(new Dog("Ponta", 2, 'm'));

    int count = 0;
    int sum;
      sum = dogs.parallelStream()
              .filter(d -> d.getSex() == 0)  // オスだけ
              .mapToInt(d -> d.getAge())     // 年齢
              .sum();
    System.out.println("オスの年齢合計=" + sum);
  }
}
```

Topic 8 コレクション

プログラミングでは、多くの値や文字列、ときにはオブジェクトをまとめて扱いたいことがよくあります。コレクションは、多数の値やオブジェクトをまとめて柔軟に扱うことができる便利な容れ物です。

コレクションの種類

　Javaにはオブジェクトをまとめて操作できるようにするために、リスト、マップ、セットなどのコレクションクラスが用意されています。

　リストを表す`List`は、インタフェースとして定義されています。コレクションのクラスとしてのリストには`ArrayList`クラスと`LinkedList`クラスがあります。

　`ArrayList`クラスは配列をそのままリストにしたイメージで、`LinkedList`クラスは要素をリンクでつないだリストです。`ArrayList`クラスは最後に要素を追加したり最後の要素を削除するのは容易ですが、途中に要素を挿入したり途中の要素を削除するためには、それ以降の要素をすべて移動しなければならないので、時間がかかることがあります。一方、`LinkedList`クラスは要素間をリンクでつないでいるので、途中に要素を挿入したり途中の要素を削除するときには、単にリンクをつなぎかえるだけなので、速い速度で実行できます。

　同様に、マップを表す`Map`インタフェースの実装マップクラスには、`ConcurrentHashMap`、`ConcurrentSkipListMap`、`EnumMap`、`HashMap`、`Hashtable`、`IdentityHashMap`、`LinkedHashMap`クラスがあります。

　また、`Set`インタフェースに関連して、`ConcurrentSkipListSet`、`CopyOnWriteArraySet`、`EnumSet`、`HashSet`、`LinkedHashSet`、`TreeSet`クラスがあります。

　主なコレクションとその特徴を次の表に示します。

表 8.1 ●主なコレクション

コレクション	解説
HashSet	要素は重複しない。
HashMap	キーと値のペアを保存する。
AllayList	配列リスト。
ArrayDeque	配列の双方向キュー。先頭または末端でデータを入れたり取り出したりする。
TreeSet	ツリー状のコンテナ。要素は重複しない。
TreeMap	ツリー状にキーと値のペアを保存するコンテナ。
LinkedList	要素をリンクで接続するコンテナ。途中への挿入や削除を素早く行える。
LinkedHashSet	Set インタフェースのハッシュテーブルとリンクリストの実装。
LinkedHashMap	Map インタフェースのハッシュテーブルとリンクリストの実装

　これらのコレクションが配列と最も違うところは、その個々の要素にアクセスしなくても操作できるということです。たとえば、個々の要素にアクセスしないで、特定の条件で要素を削除（抜き出し）したり、並べ替えるなどの操作を行うことができます。また、要素を最後に追加したり、任意の場所に挿入することも簡単にできます。

リストの途中に要素を挿入するときの ArrayList と LinkedList クラスとのパフォーマンスの違いについては、第 3 部の Topic 25「パフォーマンス」の「配列とリンク」を参照してください。

コレクションの機能

コレクションはオブジェクトなので、その内容を操作するメソッドが用意されています。たとえば、List には次のようなメソッドが用意されています。

表8.2 ● List の主なメソッド

メソッド	解説
add()	指定された要素をこのリストの最後に追加する。
addAll()	指定されたコレクション内のすべての要素をこのリストの最後に追加する。
clear()	すべての要素をこのリストから削除する。
contains()	指定の要素がこのリストに含まれている場合に true を返す。
containsAll()	指定されたコレクションのすべての要素がこのリストに含まれている場合に true を返す。
equals()	指定されたオブジェクトがこのリストと等しいかどうかを比較する。
get()	このリスト内の指定された位置にある要素を返す。
hashCode()	このリストのハッシュコード値を返す。
indexOf()	指定された要素がこのリスト内で最初に検出された位置のインデックスを返す。
isEmpty()	このリストに要素がない場合に true を返す。
iterator()	このリスト内の要素を適切な順序で反復するイテレータを返す。
lastIndexOf()	指定された要素がこのリスト内で最後に検出された位置のインデックスを返す。
listIterator()	このリスト内の要素を（適切な順序で）反復するリスト・イテレータを返す。
remove()	このリスト内の指定された位置にある要素または指定した要素を削除する。
removeAll()	このリストから指定したコレクションに含まれる要素をすべて削除する。
replaceAll()	このリストの各要素を、その要素に演算子を適用した結果で置換する。
retainAll()	このリスト内で指定されたコレクションに含まれている要素だけを保持する。
set()	このリスト内の指定された位置にある要素を指定された要素に置き換える。
size()	このリスト内にある要素の数を返す。
sort()	指定された Comparator を使って要素を比較することにより、このリストをソートする。
spliterator()	このリスト内の要素に対する Spliterator を作成する。
subList()	このリストの第1引数（含む）から第2引数（含まない）までの部分のリストを返す。
toArray()	このリスト内のすべての要素を適切な順序で含んでいる配列を返す。

コレクションの中の途中の要素を削除したいときには List.remove() を呼び出すだけで削除することができます。要素をすべて削除したいときには List.clear() を呼び出すだけで削除でき、要素をソートしたい（並べ替えしたい）ときには List.sort() を呼び出すだけでソートできます。

名前をたくさん使う例

　ここでは、ひとつの例として、プログラムの中で名前をたくさん使う場合で考えてみましょう。配列を使う場合は、いちいちvar[i++]のような形で配列の添え字を使って要素を特定する必要がありますが、コレクションを使えば添え字を一切使わずに要素を参照したり操作できます。

　次の例は、リストに犬の名前を保存し、大文字／小文字を区別せずアルファベット順に並べ替えたあとで、名前をすべて大文字で出力する例です。

リスト 8.1 ● IgnrSortName.java

```java
import java.util.Arrays;
import java.util.Collections;
import java.util.Comparator;
import java.util.List;

public class IgnrSortName {

  public static void main(String... args) {

    // Listに犬の名前を保存する
    String [] dogname = {"Pochi" , "Kenta" , "lucky", "Pippy", "Becky"};
    List <String> dogs = Arrays.asList( dogname );

    // 大文字小文字を区別せずアルファベット順に並べ替える
    Collections.sort(dogs, new Comparator<String>() {
      @Override
      public int compare(String o1, String o2) {
        return o1.compareToIgnoreCase(o2);
      }
    });

    // 名前を大文字で出力する
    for (String a : dogs)
      System.out.println( a.toUpperCase() );
  }
}
```

実行結果は次のようになります。

```
BECKY
KENTA
LUCKY
PIPPY
POCHI
```

このプログラムの利点は、もとのデータの大文字／小文字は変更されない、という点です。a.toUpperCase()で名前を大文字に変換したあとでも、dogsというリストの要素は変更されず、大文字／小文字が混ざった元の名前のままです。ですから、このあとでも元の名前を使って何か作業を続けることができます。

compare()のオーバーライドがわかりにくければ、次のようにしても構いません。

リスト 8.2 ● SmplSortName.java

```java
import java.util.Arrays;
import java.util.List;

public class SmplSortName {

  public static void main(String... args) {

    // Listに犬の名前を保存する
    String [] dogname = {"Pochi" , "Kenta" , "lucky", "Pippy", "Becky"};

    // 犬の名前を大文字にする
    for(int i=0;i<dogname.length;i++)
      dogname[i] = dogname[i].toUpperCase();

    List <String> dogs = Arrays.asList( dogname );

    dogs.sort(null);

    // 名前を出力する
    for (String a : dogs)
      System.out.println( a );
  }
}
```

ただし、この方法だと、大文字に変換する前の元の文字列が失われてしまうという問題点があります。言い換えると、プログラムが終了した時点でdognameのそれぞれの名前はすべて大文字に変換されています。ですから、このあとではすべて大文字に変換された名前を使って何か作業を続けることになります。この方法でそれを避けるためには、大文字に変更される前の元のデータを別の配列かコレクションに保存する必要があります。

ちなみに、プリミティブな方法だけで同じ問題を書き変えてみると、次のように書くことができます。

リスト 8.3 ● ArraySortName.java

```java
import java.util.Arrays;

public class ArraySortName {

  public static void main(String... args) {

    String [] dogs = {"Pochi" , "Kenta" , "lucky", "Pippy", "Becky"};

    // 名前を大文字にする
    for (int i=0; i<dogs.length;i++)
      dogs[i]= dogs[i].toUpperCase();

    Arrays.sort(dogs);

    // 並び変えた名前を出力する
    for (int i=0; i<dogs.length;i++)
      System.out.println( dogs[i] );
  }
}
```

プリミティブな方法だけを使い、大文字／小文字を保ったままにするには、たとえば、次のように書くことができます。

リスト 8.4 ● ArraySortNameIC.java

```java
public class ArraySortNameIC  {

  public static void main(String... args) {

    String [] dogs = {"Pochi" , "Kenta" , "lucky", "Pippy", "Becky"};

    // 大文字小文字を無視して名前を並べ替える
    for (int i=0; i<dogs.length;i++) {
      for (int j=0; j<i; j++){
        if (dogs[i].compareToIgnoreCase(dogs[j]) < 0) {
          String tmp = dogs[i];
          dogs[i]= dogs[j];
          dogs[j] = tmp;
        }
      }
    }

    // 並び変えた名前を出力する
    for (int i=0; i<dogs.length;i++)
      System.out.println( dogs[i] );
  }
}
```

この場合はdogという単純な文字列の配列ですからこの程度で済みますが、それでも、このプログラムは冗長なだけでよいところがありません。コレクションを使ったほうがずっとすっきりしたプログラムを書くことができます。

配列にも新しいfor構文を使うことができます。次に例を示します。

```java
// 並び変えた名前を出力する
for (String s : dogs)
  System.out.println( s );
```

Collections

コレクションクラスを扱うためのユーティリティクラスである java.util. Collections には、コレクションを操作したり変換する便利な static メソッドが定義されています。Collections のメソッドを次の表に示します。

表 8.3 ● Collections クラスのメソッド

メソッド	解説
addAll()	指定されたすべての要素を指定されたコレクションに追加する。
asLifoQueue()	Deque のビューを後入れ先出し（LIFO）の Queue として返す。
binarySearch()	バイナリサーチアルゴリズムで指定されたリストから指定されたオブジェクトを検索する。
checkedCollection()	指定されたコレクションの、動的に型保証されたビューを返す。
checkedList()	指定されたリストの動的に型保証されたビューを返す。
checkedMap()	指定されたマップの動的に型保証されたビューを返す。
checkedNavigableMap()	指定されたナビゲート可能マップの動的に型保証されたビューを返す。
checkedNavigableSet()	指定されたナビゲート可能セットの動的に型保証されたビューを返す。
checkedQueue()	指定されたキューの動的に型保証されたビューを返す。
checkedSet()	指定されたセットの動的に型保証されたビューを返す。
checkedSortedMap()	ソートされたマップの動的に型保証されたビューを返す。
checkedSortedSet()	ソートされたセットの動的に型保証されたビューを返す。
copy()	あるリストから別のリストにすべての要素をコピーする。
disjoint()	指定された二つのコレクションに共通の要素が存在しない場合に true を返す。
emptyEnumeration()	要素がひとつも含まれていない列挙を返す。
emptyIterator()	要素がひとつも含まれていないイテレータを返す。
emptyList()	空のリスト（不変）を返す。
emptyListIterator()	要素がひとつも含まれていないリストイテレータを返す。
emptyMap()	空のイミュータブルな（不変の）マップを返す。
emptyNavigableMap()	空のイミュータブルな（不変の）ナビゲート可能マップを返す。
emptyNavigableSet()	空のイミュータブルな（不変の）ナビゲート可能セットを返す。
emptySet()	空のイミュータブルな（不変の）セットを返す。
emptySortedMap()	空のイミュータブルな（不変の）ソートマップを返す。
emptySortedSet()	空のイミュータブルな（不変の）ソートセットを返す。

メソッド	解説
enumeration()	指定されたコレクションの列挙を返す。
fill()	指定されたリストのすべての要素を指定された要素で置き換える。
frequency()	指定されたコレクション内で指定されたオブジェクトと等価な要素の数を返す。
indexOfSubList()	指定されたソースリスト内で指定されたターゲットリストが最初に出現した位置の開始位置を返す。出現しない場合は −1 を返す。
lastIndexOfSubList()	指定されたソースリスト内で最後に出現した指定ターゲットリストの開始位置を返す。出現しない場合は −1 を返す。
list()	指定された列挙で返された要素を含む配列リストを、返された順番で返す。
max()	指定された条件で、指定されたコレクションの最大の要素を返す。
min()	指定された条件で、指定されたコレクションの最小の要素を返す。
nCopies()	指定されたオブジェクトの指定された数のコピーで構成される不変のリストを返す。
newSetFromMap()	指定されたマップに連動するセットを返す。
replaceAll()	リスト内に出現する指定された値をすべて他の値に置き換える。
reverse()	指定されたリストの要素の順序を逆にする。
reverseOrder()	逆順を義務付けるコンパレータを返す。
rotate()	指定されたリストの要素を、指定された距離により回転する。
shuffle()	乱数を使って指定されたリストの順序を無作為に入れ替える。
singleton()	指定されたオブジェクトだけを保存している不変のセットを返す。
singletonList()	指定されたオブジェクトだけを保存している不変のリストを返す。
singletonMap()	指定された値に指定されたキーだけをマッピングする不変のマップを返す。
sort()	指定されたリストを、指定された条件でソートする。
swap()	指定されたリストの指定された位置にある要素をスワップする。
synchronizedCollection()	指定されたコレクションに連動するスレッドセーフな同期コレクションを返す。
synchronizedList()	指定されたリストに連動するスレッドセーフな同期リストを返す。
synchronizedMap()	指定されたマップに連動するスレッドセーフな同期マップを返す。
synchronizedNavigableMap()	指定されたナビゲート可能マップに連動するスレッドセーフな同期ナビゲート可能マップを返す。
synchronizedNavigableSet()	指定されたナビゲート可能セットに連動するスレッドセーフな同期ナビゲート可能セットを返す。
synchronizedSet()	指定されたセットに連動するスレッドセーフな同期セットを返す。
synchronizedSortedMap()	指定されたソートマップに連動するスレッドセーフな同期ソートマップを返す。

メソッド	解説
synchronizedSortedSet()	指定されたソートセットに連動するスレッドセーフな同期ソートセットを返す。
unmodifiableCollection()	指定されたコレクションの変更不可能なビューを返す。
unmodifiableList()	指定されたリストの変更不可能なビューを返す。
unmodifiableMap()	指定されたマップの変更不可能なビューを返す。
unmodifiableNavigableMap()	指定されたナビゲート可能マップの変更不可能なビューを返す。
unmodifiableNavigableSet()	指定されたナビゲート可能セットの変更不可能なビューを返す。
unmodifiableSet()	指定されたセットの変更不可能なビューを返す。
unmodifiableSortedMap()	指定されたソートマップの変更不可能なビューを返す。
unmodifiableSortedSet()	指定されたソートセットの変更不可能なビューを返す。

たとえば、次のプログラムでリストの内容をランダムに変更し（シャッフルし）て出力することができます。

リスト 8.5 ● Shuffle.java

```java
import java.util.ArrayList;
import java.util.Arrays;
import java.util.Collections;
import java.util.List;

public class Shuffle {

  public static void main(String... args) {

    //リストを作る
    List<String> aList = new ArrayList<>();
    aList.addAll( Arrays.asList("abc", "cde", "efg", "hij") );

    //順序を無茶苦茶にする（シャッフルする）
    Collections.shuffle(aList);

    //出力する
    aList.forEach (s -> System.out.println(s));
  }
}
```

配列と乱数を使ってシャッフルするとしたら、たいへんな作業量と長い長いコードになりますが、コレクションとそれを操作するメソッドを使えばこのように簡潔に記述できます。

さらには、たとえば、次のようにすることで変更不可能なリストを生成することができます。

```
List mList = Collections.unmodifiableList(aList);
```

これは、他のプログラマが誤って変更してしまわないようにしたいときに特に役立ちます。

Topic 9 数とオブジェクトの比較

常識的には、123 と 123 は同じですが、5.6 と「7.0 × 0.8」、あるいは「ABCDE」と「ABCDE」はプログラミングではそれらは本当に同じであるか、という最も基本的な問題を考えてみましょう。

世の中の一般的な常識では、5.6 と「7.0 × 0.8」、あるいは「ABCDE」と「ABCDE」が同じであることに議論の余地はありません。しかし、Java では事情が少々違います。

整数値の比較

Java における等価演算子は == です。
ここで、次のようなコードがあるものとします。

```
int a = 123;
int b = 120;
b = b + 3;
```

このコードが実行されると、変数 a にも b にも、整数値 123 が入っています。そのため、このあとで次のようなコードで a と b を比較すると、「123 と 123 は同じです。」と出力されるはずです。

```
if (a == b){
  System.out.println(a + "と" + b + "は同じです。");
}else{
  System.out.println(a + "と" + b + "は違います。");
}
```

プログラム全体は次のようになります。

リスト 9.1 ● IntEqualTest.java

```java
public class IntEqualTest {
  public static void main(String... args) {

    int a = 123;
    int b = 120;
    b = b + 3;

    if (a == b){
      System.out.println(a + "と" + b + "は同じです。");
    }else{
      System.out.println(a + "と" + b + "は違います。");
    }
  }
}
```

これを実行すると、確かに次のように出力されます。

123と123は同じです。

 多くの場合、int を Integer にしても結果は同じです。しかし、常に同じであると保証されているわけではありません。Integer など数値型オブジェクトを比較するときには、equals() を使ってください。理由はこのあとで説明します。

実数値の比較

実数は、等価演算子は単純に == で比較すると、問題が発生することがあります。次のようなコードがあるものとします。

```
double x = 5.6;
double y = 0;
y = 7.0 * 0.8;           // yは5.6になるはず

if (x == y)
  System.out.println(x + "と" + y + "は同じ");
else
  System.out.println(x + "と" + y + "は違う");
```

「7.0 × 0.8」は 5.6 なので、これは「5.6 と 5.6 は同じ」になるはずです。

しかし、この一連のコードを実行すると、「5.6 と 5.6000000000000005 は違う」という結果になります。コンピュータの計算では「7.0 × 0.8」は 5.6 にならないからです。その理由は、コンピュータの中で計算されるときに、数は 2 進数に変換されてから計算されます（コンピュータの中心的な要素である CPU やメモリは 2 進数しか扱えません）。実数は 2 進数に変換されるときに完全に正確に変換されずに誤差が発生することがあります。5.6 と 5.6000000000000005 の差である 0.0000000000000005 はこの誤差です。この誤差はきわめて小さいので、日常的な実数値として扱うときには問題にならない程度です。たとえば、「7.0m × 0.8m」の敷地の面積が $5.6m^2$ であろうと、$5.6000000000000005m^2$ であろうと、日常生活では何も問題ありません（常識的に誤差の $0.0000000000000005m^2$ は切り捨てられます）。

しかし、プログラムの中で「同じかどうか」を調べるときには、これは大きな問題になります。上記のコードでは、通常は「5.6 と 5.6000000000000005 は同じである」と判断したいでしょう。そのような場合は、差の絶対値を計算して、その値がきわめて小さいかどうかで判断します。

具体的なコードは、たとえば次のようになります。

```
if (Math.abs(x - y) < 0.000001)
  System.out.println(x + "と" + y + "は同じ");
else
  System.out.println(x + "と" + y + "は違う");
```

このような方法で実数が「同じ」であるかどうか判断するのは定石ですから覚えておかなければなりません。

実行できるプログラムとしてまとめると、次のリストのようになります。

リスト 9.2 ● RealEqual.java

```java
public class RealEqual {

  public static void main(String... args) {

    double x = 5.6;
    double y = 0;
    y = 7.0 * 0.8;

    if (x == y)
      System.out.println(x + "と" + y + "は同じ");
    else
      System.out.println(x + "と" + y + "は違う");

    if (Math.abs(x - y) < 0.000001)
      System.out.println(x + "と" + y + "は同じ");
    else
      System.out.println(x + "と" + y + "は違う");
  }
}
```

文字列の比較

123と123が同じであるというのは、当たり前といえば当たり前のようです。しかし、実数の5.6と「7.0×0.8」の値が同じではない、というのがコンピュータの世界です。

比較するものが文字列である場合も、世間の常識とは事情が変わってきます。

次のコードを見てください。

```
String str1 = "ABCDE";
String str2 = "AB";
str2 = str2 + "CDE";
```

このコードが実行されると、変数str1にもstr2にも"ABCDE"という文字列が入っているはずです。

先ほどと同じようにif文を使ってstr1とstr2を等価であるか調べてみましょう。

```
if (str1 == str2){
  System.out.println(str1 + "と" + str2 + "は同じです。");
}else{
  System.out.println(str1 + "と" + str2 + "は違います。");
}
```

プログラム全体は次のようになります。

リスト9.3 ● StrEqualTest1.java

```
public class StrEqualTest1 {
  public static void main(String... args) {

    String str1 = "ABCDE";
    String str2 = "AB";
    str2 = str2 + "CDE";

    if (str1 == str2){
      System.out.println(str1 + "と" + str2 + "は同じです。");
    }else{
      System.out.println(str1 + "と" + str2 + "は違います。");
    }
```

```
    }
}
```

この実行結果は

```
ABCDEとABCDEは違います。
```

です。

　str1 にも str2 にも "ABCDF" という同じ文字列が含まれているにもかかわらず、比較に == を使っているので、「ABCDE と ABCDE は違います。」と出力されます。つまり、「str1 と str2 は違う」というのがこの結果です。

　なぜこのようになるかというと、Java の文字列においては、== は参照を比較するからです。言い換えると、メモリ上のオブジェクトそのものが同一であるかどうか比較するからとも言えます。そして、Java では、str1 と str2 の内容が同じであっても、異なる場所に保存されている場合、つまりオブジェクトとしては別のものであるという場合があります。このケースがまさにそうです。

図9.1 ● str1 と str2 のメモリ上のイメージ

　文字列において、変数の内容を比較したいときには、String.equals() を使います。つまり、次のようにすることで、str1 にも str2 にも "ABCDE" という同じ文字列が含まれているかどうかを調べることができます。

```
if (str1.equals(str2)){
```

実行できるプログラムとしては次のようになるでしょう。

リスト 9.4 ● StrEqualTest2.java

```java
public class StrEqualTest2 {
  public static void main(String... args) {
    String str1 = "ABCDE";
    String str2 = "AB";
    str2 = str2 + "CDE";

    if (str1.equals(str2)){
      System.out.println(str1 + "と" + str2 + "は同じです。");
    }else{
      System.out.println(str1 + "と" + str2 + "は違います。");
    }
  }
}
```

これを実行すると、次のように出力されます。

ABCDEとABCDEは同じです。

ちなみに、このプログラムでstr1をリテラルと比較するときには、次のように == を使っても「ABCDE と ABCDE は同じです。」となります。

```java
if (str1 == "ABCDE"){
```

次のようにしても、結果は「ABCDE と ABCDE は同じです。」となります。

```java
if (str1 == "ABC" + "DE"){
```

上記のような一連の結果になる理由は、== や String.equals() がそのような結果になるように実装されているから、と説明するしかありません。Javaでは、原則として、== はオブジェクトが同じである場合に true を返し、equals() はオブジェクトが同じであっても異なっていても値が同じなら true を返すように設計することになっています。それに従った実装の結果、このようになると説明することができます。

ちなみに、String.equals() は、次のように定義されています。

```
public final class String
implements java.io.Serializable, Comparable<String>, CharSequence {
  /** valueはキャラクタ保存のために使われる。 */
  private final char value[];

  …

  public boolean equals(Object anObject) {
    if (this == anObject) {
        return true;
    }
    if (anObject instanceof String) {
        String anotherString = (String)anObject;
        int n = value.length;
        if (n == anotherString.value.length) {
            char v1[] = value;
            char v2[] = anotherString.value;
            int i = 0;
            while (n-- != 0) {
                if (v1[i] != v2[i])
                    return false;
                i++;
            }
            return true;
        }
    }
    return false;
  }

  …

}
```

これを見ると、String.equals() では、最初に == を使って二つの文字列が同じオブジェクトであるかどうか調べたあとで、比較するそれぞれの文字列を二つの文字配列に入れて、個々の文字が同じ文字オブジェクトであるなら true を返しているということがわかります。

言い換えると、Javaでは、文字列は、変更されることがあるので、たとえ同じ文字列でも異なる場所に保存されることがある（同じ内容の文字列オブジェクトが複数

あることがある）けれど、文字1個として評価される文字は（変更されない文字リテラルなので）プログラムの中でたとえいくつ使っていてもプログラムの中にはただ1個しか存在しないようになっている、ということができます。

　いずれにしろ、Javaでは同じ文字列でもものが違う（保存されている場所が異なる）と同じではないとはみなされるので、文字列の比較には演算子の == や != ではなく、String.equals() を使う、と覚えておく必要があります。そしてこの同じこと、つまり == はオブジェクトが同じオブジェクトであるかどうか調べ、equals() はオブジェクトの値が同じであるかどうか調べるということが他のオブジェクトにも適用されるということを覚えておくことが重要です。

equals( )

　すでに説明したように、Javaでは、原則として、オブジェクトが同じであるかどうかではなく、オブジェクトの値が同じであるかどうか調べるときには、equals() を使います。ただし、Object.equals() は次のようになっているので、オーバーライド（再定義）していない場合、equals() と == は同じです。

```
public class Object {

  …

  public boolean equals(Object obj) {
    return (this == obj);
  }

  …

}
```

　つまり、クラスで equals() をオーバーライドしていない限り、演算子の == と equals() の挙動は同じであるということも知っておく必要があります。

　そのため、独自のクラスを作成して、その値（内容）が同じであるかどうか調べる必要がある場合には、equals() を実装するべきです。なお、equals() をオーバーライドするときは、hashCode() も合わせてオーバーライドします。

次の例は、equals()をオーバーライドしたDogクラスとその使用例です。

リスト9.5 ● EqualDog.java

```java
class Dog {

  String dogName;   // フィールド宣言
  int dogAge;

  public Dog(String name, int age) // コンストラクタ
  {
    dogName = name;
    dogAge = age;
  }

  @Override
  public int hashCode() {
    return super.hashCode();
  }

  @Override
  public boolean equals(Object obj) {
    Dog dog = (Dog)obj;
    // 次のようにすると、同じ名前で違うオブジェクトであってもtrueを返す
    if (this.dogName.equals(this.dogAge == dog.dogName && this.dogAge == dog.dogAge))
    // ただし、次のようにしたときとの違いがメソッド名だけでは明確ではない。
    // if (this.dogName == dog.dogName && this.dogAge == dog.dogAge)
    // 違いを明確にするには、このあとのcontentEquals()参照。
      return true;
    else
      return false;
  }
}

public class EqualDog {

  public static void main(String... args) {

  Dog dog1 = new Dog("Pochi", 3);
  Dog dog2 = new Dog("Pochi", 3);

  if (dog1.equals(dog2)) {
    System.out.println("dog1とdog2は同じです。");
```

```
  } else
    System.out.println("dog1とdog2は違います。");
  }
}
```

ただし、このオーバーライドだけで完全とは言えません。同じ名前で同じ年齢の異なる2匹の犬であるかどうか判断するためには、さらに次に説明するcontentEquals()を定義する必要があります。

以前のバージョン用に書かれたプログラムや解説書では、オーバーライドしたメソッドの前に「@Override」を記述していないものがあります。

contentEquals( )

オブジェクトの内容が同じであることを明示するために、contentEquals()を使うとより明確になります。特に、異なるクラスの内容が同じであることを示すときに、contentEquals()を使います。

たとえば、StringとStringBuilderクラスのオブジェクトが持っている文字列を比較するときには次のようにします。

```
String s = "abcde";
StringBuilder sb = new StringBuilder("abcde");

if (s.contentEquals(sb))
  System.out.println("sとsbは同じ");
```

Dogクラスのequals()とcontentEquals()を違う方法で実装してみましょう。

リスト 9.6 ● ContentsEqual.java

```
class Dog {
```

```java
    String dogName;   // フィールド宣言
    int dogAge;

    public Dog(String name, int age) // コンストラクタ
    {
      dogName = name;
      dogAge = age;
    }

    @Override
    public int hashCode() {
      return super.hashCode();
    }

    @Override
    public boolean equals(Object obj) {
      Dog dog = (Dog)obj;
      if (this.dogName == dog.dogName && this.dogAge == dog.dogAge)
        return true;
      else
        return false;
    }

    public boolean contentsEquals(Dog dog){
      if (dog.dogName.equals(this.dogName)  && this.dogAge == dog.dogAge)
        return true;
      else
        return false;
      }
    }

    public class ContentsEqual {

      public static void main(String... args) {

      Dog dog1 = new Dog("Pochi", 3);
      Dog dog2 = new Dog("Po", 3);
      dog2.dogName += "chi";

      if (dog1.equals(dog2)) {
        System.out.println("dog1とdog2は同じです。");
      } else
        System.out.println("dog1とdog2は違います。");
```

```
    if (dog1.contentsEquals(dog2)) {
      System.out.println("dog1とdog2は同じ名前で同じ年齢です。");
    } else
      System.out.println("dog1とdog2は名前/年齢が違います。");
  }
}
```

これを実行すると、次のように出力されます。

```
dog1とdog2は違います。
dog1とdog2は同じ名前で同じ年齢です。
```

dog1.dogName と dog2.dogName の参照先が異なるからです。
contentsEquals() を定義したので、contentsEuals() を使うことで（同じ名前で同じ年齢の）異なる2匹の犬であるかどうか判断することができます。

内容を比較することを明示するためには、そのクラスに contentEquals() を作成して提供するとよいでしょう。

 簡潔に言えば、オブジェクトを比較するときに、Java の == はオブジェクトが同じオブジェクトであるかどうか調べ、equals() はオブジェクトの値が同じであるかどうか調べます。なお、数値オブジェクトの大小を比較するときには compareTo() を使います。

Topic 10 クラス

クラスの基本的な構造は初歩の段階で学びますが、合理的なクラスを設計できるようになるにはさらに知識と経験が必要です。ここでは、クラスに関するさまざまな話題を取り上げます。

ひとつのJavaのソースファイル（.javaファイル）には、publicクラスはひとつしか定義できません。しかし、ひとつのソースファイルで、ひとつのpublicクラスに加えて、publicでないクラスと内部クラスを記述することができます。

■非publicクラス

publicなクラスと同じソースファイルに記述する非publicクラスは、publicではないだけで、普通のクラスと同じように記述することができます。publicでないクラスDogを使うプログラムのソースコードの例（抜粋）を次に示します。

```java
class Dog {    // 非publicクラス。指定可能な修飾子はabstructとfinalだけ

  String dogName;   // フィールド宣言
  int dogAge;

  public Dog(String name, int age)  // コンストラクタ
  {
    dogName = name;
    dogAge = age;
  }
      :        // その他の定義
}

public class MyProg {

  public static void main(String... args) {

    // クラスを使う
```

```
    Dog dog = new Dog("Pochi", 3);

        :
  }
}
```

　この場合、Dog クラスは public ではないので、他のソースファイルからはアクセスできず、原則的に MyProg の中で使うことが想定されています。

内部クラス

　内部クラス（Inner Classes）は、あるクラスの内部にネストしたクラスのことです。内部クラスそのものは、普通のクラスとして記述することができます。しかし、次のように内部クラスのオブジェクトを直接作ろうとすると、エラーになります。

```
public class InnerCls {

  class Dog {
    String dogName;    // フィールド宣言
    int dogAge;
    public Dog(String name, int age) // コンストラクタ
    {
      dogName = name;
      dogAge = age;
    }
        :
  }

  public static void main(String... args) {
    // 内部クラスのオブジェクトを作成するメソッド
    Dog dog = new Dog("Pochi", 3);   // これはエラーになる。
  }
}
```

　内部クラスのオブジェクトを作成しようとするときには、次のようにメソッドを追加して、エンクロージングクラスのインスタンス（Enclosing Instances）を作成する必要があります。

リスト 10.1 ● InnerCls.java

```java
public class InnerCls {

  private class Dog {

    String dogName;   // フィールド宣言
    int dogAge;

    public Dog(String name, int age) // コンストラクタ
    {
      dogName = name;
      dogAge = age;
    }
    public String getName() {
      return dogName;
    }
    public int getAge() {
      return dogAge;
    }
  }

  // 内部クラスのオブジェクトを作成するメソッド
  private void exec() {
    Dog dog = new Dog("Pochi", 3);
    System.out.println(dog.dogName);
  }

  public static void main(String... args) {

    InnerCls encObj = new InnerCls();
    encObj.exec();
  }
}
```

　このソースファイル InnerCls.java をコンパイルすると、クラスファイル InnerCls.class のほかに InnerCls$Dog.class が生成されます。

Topic 11 インタフェース

初期のバージョンのJavaでは、インタフェースは、実質的に定数として使うフィールドと、抽象メソッドしか記述できませんでした。しかし、Java 8になって、defaultメソッドとstaticメソッドを記述できるようになりました。

▍defaultメソッド

インタフェースのdefaultメソッドは、キーワードdefaultを付けて宣言し、そのインタフェースに属するオブジェクトに共通する動作を記述します。

たとえば、さまざまな犬を表すDogインタフェースを定義して、それを実装する個別の犬種を表すRetriever（レトリバー）クラスやSpitz（スピッツ）クラスなどを定義するものとします。

Dogインタフェースには、定数（finalフィールド）や抽象メソッドを記述できますが、さらにdefaultメソッドを記述することができます。

たいていの犬は「ワンワン」と吠えるので、ここでは「wan,wan」を出力するbark()（吠える）という名前のdefaultメソッドをインタフェースDogに定義することにします。

```java
interface Dog {

  final int regs = 4; // finalフィールド（定数）宣言

  default public void bark() // defaultメソッド
  {
    System.out.println("wan,wan");
  }
}
```

「ワンワン」と吠えるRetrieverはDogインタフェースのdefaultメソッドをそのまま使えばよいので、単にDogを実装するクラスとして記述します。

```java
class Retriever implements Dog {   // レトリバー（大型犬）
  // その他の実装
}
```

一方、小型犬でキャンキャンとうるさく吠えるスピッツは、Dogインタフェースのdefaultメソッドbark()をオーバーライドして「can,can」と出力するようにすることができます。

```java
class Spitz implements Dog {   // スピッツ（小型犬種）

  @Override
  public void bark() // defaultメソッド
  {
    System.out.println("can,can");
  }
}
```

実行できるプログラム全体では次のようになります。

リスト 11.1 ● DefMethod.java

```java
interface Dog {

  final int regs = 4; // finalフィールド（定数）宣言

  default public void bark() // defaultメソッド
  {
    System.out.println("wan,wan");
  }
}

class Retriever implements Dog {   // レトリバー（大型犬）

}

class Spitz implements Dog {   // スピッツ（小型犬種）
  @Override
  public void bark() // defaultメソッド
```

```
    {
      System.out.println("can,can");
    }
}

public class DefMethod {

  public static void main(String... args) {
    Dog pochi = new Retriever();
    pochi.bark();
    Dog chiro = new Spitz();
    chiro.bark();
  }
}
```

default メソッドはインスタンスフィールドを持つことができません。また、default メソッドはインスタンスメソッドなので、他のインスタンスメソッドを呼び出すことができます。

static メソッド

インタフェースのstaticメソッドは、オブジェクトを作成しないでも実行できるメソッドを定義したいときに記述します。

たとえば、頻繁に矩形（Rectangle）や円の面積を計算する必要があるとします。しかし、必要なのは面積の計算だけで、わざわざ矩形や円のクラスを使ってそれぞれのオブジェクトを作成する必要はないとします。そのようなときには、次のようにインタフェースを作ってstaticメソッドを定義するとよいでしょう。

```java
interface Shapes {

  // 矩形(Rectangle)の面積を計算するstaticメソッド
  static double getRectArea(double w, double h)
  {
    return w * h;
  }

  // 円の面積を計算するstaticメソッド
  static double getCircleArea(double r)
  {
    return r * r * Math.PI;
  }
}
```

このようなインタフェースを作っておけば、Shapes.getRectArea()やShapes.getCircleArea()を呼び出すだけで面積を計算することができます。

実行可能なプログラム全体を次に示します。

リスト 11.2 ● StaticMethod.java

```java
interface Shapes {

  // 矩形(Rectangle)の面積を計算するstaticメソッド
  static double getRectArea(double w, double h)
  {
    return w * h;
  }
  // 円の面積を計算するstaticメソッド
  static double getCircleArea(double r)
```

```
    {
      return r * r * Math.PI;
    }
}

public class StaticMethod {

  public static void main(String... args) {
    System.out.println("Rect 20x15=" + Shapes.getRectArea(20, 15));
    System.out.println("Circlet r:15=" + Shapes.getCircleArea(15));
  }
}
```

出力結果を示します。

```
Rect 20x15=300.0
Circlet r:15=706.8583470577034
```

default メソッドや static メソッドを除いた、インタフェースのメソッドは暗黙で `public abstruct` です。インタフェースのフィールドは暗黙で `public static final` です。これらは変更できないので省略して構いません。

Topic 12 正規表現

正規表現は、文字列の集合をひとつの文字列で表現する方法のひとつです。

正規表現とは

正規表現（regular expression）は、文字列の集合をひとつの文字列で表現する方法のひとつです。たとえば、「私の」「私は」「私が」「私を」の4つの文字列を「私[のはがを]」というひとつの表現で表すことができます。

正規表現を適切に利用すると、検索や置換などをとても効率的に行うことができるようになります。

たとえば、次のような文章の中の「私の」「私は」「私が」「私を」などの自分自身を表す「私」である部分を検索したいとします。

私が卒業したのは、某私立学校で、そのとき私は22歳でした。
その頃の私は私情にとらわれないで社会を見ることができませんでした。

しかし、この文章で「私」を検索すると、次の図のように、「私立」や「私情」の「私」も検索されてしまいます。

図 12.1 ●「私」の検索

私が卒業したのは、某私立学校で、そのとき私は22歳でした。
その頃の私は私情にとらわれないで社会を見ることができませんでした。

といって、「私の」「私は」「私が」「私を」をそれぞれ個別に検索するのは手間がかかります。

このようなときに、「私の」「私は」「私が」「私を」の4つの文字列をただひとつの文字列で表現できれば、とても便利です。そのような複数の表現をただひとつの文字列で表現できるものが正規表現です。

この場合の、「「私の」「私は」「私が」「私を」のいずれか」という表現を正規表現で表すと、次のようになります。

> 私[のはがを]

これで検索すると、次の図のように自分自身を表す「私」だけを検出することができます。

図12.2 ●正規表現「私[のはがを]」で検索したとき検出されるもの

この正規表現を検索に使うことで、「私の」「私は」「私が」「私を」を個別に検索しなくて済むだけでなく、「私」だけで検索した場合に検出される「私立」「私情」などの単語を検索結果から排除することができます。

このように、ひとつの文字列（この場合は「私[のはがを]」）で、複数の異なる具体的な文字列を表現することができるのが、正規表現です。

> **Note**
> 正規表現という言葉には、広い意味と狭い意味があります。一般的には、パターンマッチなどに使われる広義の正規表現を指しますが、言語理論で定義される狭義の正規表現を指すこともあります。本書では、正規表現という言葉は、Javaのプログラミングという観点からの正規表現を意味します。

Javaの正規表現

Javaの正規表現で使われる記号や文字は一般的な正規表現に準拠しています。Javaの正規表現では、次の表に示すような記号または文字を使います。

表12.1 ●正規表現の記号と文字

文字または記号	意味
^	行（文字列の先頭）にマッチする。
$	行（文字列の末尾）にマッチする。
.	任意の1文字にマッチする（行末記号とマッチする場合もある）。
?	直前の文字が0個または1個にマッチする。
*	直前の文字が0個以上にマッチする。
+	直前の文字が1個以上にマッチする。
[\p{L}&&[^\p{Lu}]]	大文字以外の文字（減算）
\0n	8進値 0n を持つ文字（0 ≦ n ≦ 7）
\0nn	8進値 0nn を持つ文字（0 ≦ n ≦ 7）
\0mnn	8進値 0mnn を持つ文字（0 ≦ m ≦ 3、0 ≦ n ≦ 7）
\a	警告（ベル）文字（「\u0007」）
\A	入力の先頭
\b	単語境界
\B	非単語境界
\cx	x に対応する制御文字
\d	ASCII 数値（0～9）にマッチする。（[0-9] と同じ）
\D	ASCII 数値（0～9）以外にマッチする。（[^0-9] と同じ）
\e	エスケープ文字（「\u001B」）
\f	用紙送り文字（「\u000C」）
\G	前回のマッチの末尾
\h	水平方向の空白文字： [\t\xA0\u1680\u180e\u2000-\u200a\u202f\u205f\u3000]
\H	水平方向以外の空白文字：[^\h]
\n	改行文字（「\u000A」）
\p{L}	表示可能な文字
\p{M}	他の文字と組み合わせて使用する文字
\p{Z}	区切り文字
\p{S}	記号

文字または記号	意味
\p{N}	数字
\p{P}	句読点
\p{C}	L、M、Z、S、N、P 以外のすべての文字
\p{Ll}	小文字
\p{Lu}	大文字
\p{Lo}	ヘブライ語や日本語などの大文字と小文字を持たない文字
\p{Sc}	通貨記号
\p{Alnum}	英数字：[\p{Alpha}\p{Digit}]
\p{Alpha}	英字：[\p{Lower}\p{Upper}]
\p{ASCII}	すべての ASCII 文字：[\x00-\x7F]
\p{Blank}	空白またはタブ：[\t]
\p{Cntrl}	制御文字：[\x00-\x1F\x7F]
\p{Digit}	10 進数字：[0-9]
\p{Graph}	表示できる文字：[\p{Alnum}\p{Punct}]
\p{InGreek}	Greek ブロックの文字（ブロック）
\P{InGreek}	ギリシャ語ブロック以外の文字（否定）
\p{IsAlphabetic}	英字（バイナリ・プロパティ）
\p{IsLatin}	Latin 書体文字（書体）
\p{javaLowerCase}	java.lang.Character.isLowerCase() と等価
\p{javaMirrored}	java.lang.Character.isMirrored() と等価
\p{javaUpperCase}	java.lang.Character.isUpperCase() と等価
\p{javaWhitespace}	java.lang.Character.isWhitespace() と等価
\p{Lower}	小文字の英字：[a-z]
\p{Lu}	大文字（カテゴリ）
\p{Print}	プリント可能文字：[\p{Graph}\x20]
\p{Punct}	句読文字：!"#$%&'()*+,-./:;<=>?@[\]^_`{|}~
\p{Sc}	通貨記号
\p{Space}	空白文字：[\t\n\x0B\f\r]
\p{Upper}	大文字の英字：[A-Z]
\p{XDigit}	16 進数字：[0-9a-fA-F]
\r	キャリッジ・リターン文字（「\u000D」）
\R	改 行（\u000D\u000A|[\u000A\u000B\u000C\u000D\u0085\u2028\u2029]）
\s	空白文字：[\t\n\x0B\f\r]

文字または記号	意味
¥S	非空白文字：[^¥s]
¥t	タブ文字（「¥u0009」）
¥uhhhh	16進値0xhhhhを持つ文字
¥v	垂直方向の空白文字：[¥n¥x0B¥f¥r¥x85¥u2028¥u2029]
¥V	垂直方向以外の空白文字：[^¥v]
¥w	ASCII英数値（0〜9、a〜z、A〜Z、_）にマッチする。（[0-9a-zA-Z_]と同じ）
¥W	ASCII英数値（0〜9、a〜z、A〜Z、_）以外にマッチする。（[^0-9a-zA-Z_]と同じ）
¥w	単語構成文字：[a-zA-Z_0-9]
¥W	非単語文字：[^¥w]
¥x{h...h}	16進値0xh...hを持つ文字
¥xhh	6進値0xhhを持つ文字
¥Z	最後の行末記号がある場合は、それを除く入力の末尾
¥z	入力の末尾
X?	Xが1または0回
X*	Xが0回以上
X+	Xが1回以上
X{n}	Xがn回
X{n,}	Xがn回以上
X{n,m}	Xがn回以上、m回以下
X??	Xが1または0回
X*?	Xが0回以上
X+?	Xが1回以上
X{n}?	Xがn回
X{n,}?	Xがn回以上
X{n,m}?	Xがn回以上、m回以下
X?+	Xが1または0回
X*+	Xが0回以上
X++	Xが1回以上
X{n}+	Xがn回
X{n,}+	Xがn回以上
X{n,m}+	Xがn回以上、m回以下
XY	Xの直後にY
X|Y	XまたはY
(X)	Xが前方参照を行う正規表現グループ

文字または記号	意味
¥n	マッチしたn番目の前方参照を行う正規表現グループ
¥k<name>	<name>がマッチした名前付きの前方参照を行うグループ
¥	次の文字をエスケープする。
¥Q	¥Eまでのすべての文字をエスケープする。
¥E	¥Qで開始された引用をエスケープする。
[ ]	括弧内に含まれているいずれかの文字とマッチする。
[^]	括弧内に含まれないいずれかの文字とマッチする。
-	範囲を指定する。
( )	ひとつのグループとして扱う。
{n}	直前の文字にn回マッチする。
{n,}	直前の文字にn回以上マッチする。
{n,m}	直前の文字にn回以上m回以下マッチする。
|	いずれかとマッチする。
&&	二つの条件を共に満たす（かつ、例："[0-9&&[^4]]"）場合にマッチする。
$0	マッチした文字列全体を表す。
$n	nは1以上の数で、パターン内の()で囲まれたn番目にマッチした文字列を表す。
(?<name>X)	X、名前付きの前方参照を行う正規表現グループ
(?:X)	X、前方参照を行わない正規表現グループ
(?idmsuxU-idmsuxU)	マッチ・フラグｉｄｍｓｕｘUのオン／オフを切り替える。
(?idmsux-idmsux:X)	X、前方参照を行わないグループ。指定されたフラグｉｄｍｓｕｘのオン／オフを切り替える。
(?=X)	X、幅ゼロの肯定先読み
(?!X)	X、幅ゼロの否定先読み
(?<=X)	X、幅ゼロの肯定後読み
(?<!X)	X、幅ゼロの否定後読み
(?>X)	X、独立した前方参照を行わない正規表現グループ

　たとえば、「^ 私は」は、行（段落）の先頭が「私は」で始まる文字列を意味し、「僕．」は「僕」のあとに任意の1文字が続く文字列に一致します。

PatternとMatcher

Javaの正規表現でマッチを調べるときには、PatternとMatcherクラスを使うことができます。Patternクラスは正規表現を表すオブジェクト、Matcherクラスはパターンに一致（マッチ）するものを検索するためのクラスです。

これらのクラスを使うには、モジュールの先頭に次のようにimport文を記述します。

```
import java.util.regex.Pattern;
import java.util.regex.Matcher;
```

ここで、「私はカモメ」という文字列に、正規表現「私[がはにの]」で表されるパターンに一致する部分があるかどうかを調べるプログラムを考えましょう。

まず、パターンが含まれているかどうか調べる文字列変数strと正規表現パターン文字列変数ptnを宣言して適切な値を保存しておきます。

```
String str = "私はカモメ";
String ptn = "私[がはにの]";
```

次に、PatternとMatcherオブジェクトを作成します。

```
Pattern p = Pattern.compile(ptn);
Matcher m = p.matcher(str);
```

 Pattern.compile()は、引数で指定された正規表現文字列をパターンに変換（コンパイル）します。

オブジェクトを作成したら、Matcher.find()を使ってマッチするところを探します。マッチすればこれはtrueを返します。

```
if (m.find()){
  System.out.println("マッチしました");
}else{
  System.out.println("マッチしません");
}
```

プログラム全体は次のようになります。

リスト 12.1 ● Match.java

```java
import java.util.regex.Matcher;
import java.util.regex.Pattern;

public class Match {

  public static void main(String... args) {

    String str = "私はカモメ";
    String ptn = "私[がはにの]";

    Pattern p = Pattern.compile(ptn);
    Matcher m = p.matcher(str);

    if (m.find()){
      System.out.println("マッチしました");
    }else{
      System.out.println("マッチしません");
    }
  }
}
```

置換

パターンにマッチした文字列の置換は、Matcher クラスのメソッドを使って行うことができます。

表 12.2 ● Matcher クラスの置換メソッド

メソッド	解説
String replaceAll()	パターンとマッチする部分をすべて引数に置き換える。
String replaceFirst()	パターンとマッチする最初の部分を引数に置き換える。

次の例は、Matcher.replaceAll() を使って、文字列中「私の私家版本を私に返してください。」の「私」をすべて「僕」に置換する例です。

```
String str = "私の私家版本を私に返してください。";
String ptn = "私";
String rep = "僕";

Pattern p = Pattern.compile(ptn);
Matcher m = p.matcher(str);
String rslt = m.replaceAll(rep);

System.out.println(rslt);
```

ただし、これは単純な置換なので、「私家版」の「私」まで置換されて「僕家版」になってしまいます。

ここでしたいのは、最初に「私」にマッチし、かつ、そのあとの文字が「のはをに」などいずれかであるもの（「家」ではないもの）を検索して、その部分の「私」を「僕」に置換することです。

これまで見てきたように、正規表現では [と] で囲んだ文字はいずれかにマッチするものが検索されるので、検索する正規表現を「私 [のはをに]」にすれは、検索は意図通りに行えます。

```
String ptn = "私[のはをに]";
```

最初にマッチした部分を参照したいときにはその部分の正規表現を () で囲んで、置換の際にその部分を参照するときには $1 を使います。

```
String ptn = "私([のはをに])";
String rep = "僕$1";
```

次の例は、「私の」「私は」「私を」「私に」にマッチする部分をそれぞれ「僕の」「僕は」「僕を」「僕に」に置換する例です。

リスト 12.2 ● Replace.java

```java
import java.util.regex.Matcher;
import java.util.regex.Pattern;

public class Replace {

  public static void main(String... args){

    String str = "私の私家版本を私に返してください。";
    String ptn = "私([のはをに])";
    String rep = "僕$1";

    Pattern p = Pattern.compile(ptn);
    Matcher m = p.matcher(str);
    String rslt = m.replaceAll(rep);

    System.out.println(rslt);

  }
}
```

2番目にマッチした部分を参照したいときには $2 を使い、3番目にマッチした部分を参照したいときには $3 を使います。

$0 はマッチした文字列全体を表します。この場合はパターン全体を表すので正規表現パターンを () で囲む必要はありません。

なお、最初にマッチしたものだけ置換したいときには、Matcher.replaceAll() の代わりに Matcher.replaceFirst() を使います。

正規表現における例外処理

正規表現パターンをコンパイルする際に、正規表現が無効またはフラグが適切でない場合には、次の表に示す例外が発生します。

表 12.3 ● Pattern.compile( ) の例外

例外	解説
IllegalArgumentException	定義済みマッチフラグに対応するビット値以外の値が flags に設定されている。
PatternSyntaxException	正規表現の構文が無効。

この例外を使って、次のようにすると正規表現が適切であるかどうかチェックできます。

```
try {
  p = Pattern.compile(ptn);
} catch (PatternSyntaxException e) {
  System.out.println("正規表現" + ptn + "は間違っています。");
}
```

このとき、java.util.regex.PatternSyntaxException をインポートする必要があります。

```
import java.util.regex.PatternSyntaxException;
```

また、Matcher.replaceAll() で $x の x の値が大きすぎる場合（この例では $1 とするべきところを $3 などとしたとき）には、java.lang.IndexOutOfBoundsException が発生します。

この処理は次のようにして行うことができます。

```
String rslt = "";
try {
  Matcher m = p.matcher(str);
  rslt = m.replaceAll(rep);
} catch (Exception e) {
  System.out.println("正規表現 " + rep + " は間違っています。");
}
```

プログラム全体は次のようになります。

リスト 12.3 ● RegexExcpt

```java
import java.util.regex.Matcher;
import java.util.regex.Pattern;
import java.util.regex.PatternSyntaxException;

public class RegexExcpt {

  public static void main(String... args){

    String str = "私の本を私に返してください。";
    String ptn = "私([のはをに])";
    String rep = "僕$1";

    Pattern p = null;
    try {
      p = Pattern.compile(ptn);
    } catch (PatternSyntaxException e) {
      System.out.println("正規表現 " + ptn + " は間違っています。");
    }

    if (p != null) {
      String rslt = "";
      try {
        Matcher m = p.matcher(str);
        rslt = m.replaceAll(rep);
      } catch (Exception e) {
        System.out.println("正規表現 " + rep + " は間違っています。");
      }
      System.out.println(rslt);
    }
  }
}
```

このプログラムで、たとえば、「String ptn = "私([のはをに)";」としたり、「String rep = "僕$3";」とすると例外が発生します。

String クラスの正規表現

java.lang.String クラスのメソッドの中にも、正規表現を使えるものがあります。

String.Split() は、文字列を区切り文字列で区切って文字列の配列を返します。このときの区切り文字の指定に正規表現を使うことができます。

次の例は、String.Split() の引数に「[¥P{L}]+」を指定した例です。¥はエスケープしなければならないので、プログラムのソースコードでは "[¥¥P{L}]+" とする点に注意してください。

リスト 12.4 ● SplitStr.java

```java
import java.util.Arrays;
import java.util.List;

public class SplitStr {
  public static void main(String... args) {

    String contents = "Hello, My Dogs.¥nHappy, happy Dogs.";

    List<String> words = Arrays.asList(contents.split("[¥¥P{L}]+"));

    for (String w : words) {
      System.out.println(w);
    }
  }
}
```

このプログラムを実行すると、次のように出力されます。

```
Hello
My
Dogs
Happy
happy
Dogs
```

Topic 13 ライブラリの変更

Javaのライブラリはきわめて安定していて、むやみな変更は行われません。そのため、後方互換性が高く、古いプログラムでもほとんど問題なく動作します。しかし、よりよいライブラリにするために、クラスやメソッドを追加する方法で、拡張されることがあります。

String クラス

Stringクラスには、デリミタ（区切り文字）をはさんで文字列をつなげる`static`メソッド`join()`が追加されました。`join()`の書式は次の通りです。

```
String join(CharSequence delimiter, CharSequence... elements)
```

*delimiter*は区切り文字で、この文字をはさんで残りの引数の文字列を結合して作成された新しい`String`を返します。

*elements*には、複数の文字列、文字列のリストまたは文字列の配列などを指定できます。*delimiter*に空文字列`""`を指定すると、2番目以降の引数の文字列が単に結合されます。

次に例を示します。

リスト 13.1 ● Joins.java

```
import java.util.Arrays;
import java.util.List;

public class Joins {

  public static void main(String[] args) {
```

```java
        // "-"を区切り文字にしてつなげる
        String txt = String.join("-", "Java", "is", "cool");
        System.out.println(txt);

        // Listに犬の名前を保存する
        List <String> dogs = Arrays.asList("Pochi" , "Kenta" , "lucky", "Pippy", "Becky");
        // "/"を区切り文字にしてつなげる
        String doglist = String.join("/", dogs);
        System.out.println(doglist);

        String msg = String.join("", "long", "long", "string");
        System.out.println(msg);
    }
}
```

これを実行すると次のように出力されます。

```
Java-is-cool
Pochi/Kenta/lucky/Pippy/Becky
longlongstring
```

数値クラス

　Integer、Short、Long、Double、Float クラスには合計を計算する sum() と最大値／最小値を計算する max()/min() が追加されました。これらのメソッドは2個の引数を指定します。Integer と Double クラスの場合のそれぞれの書式は次の通りです。

```
public static int sum(int a, int b)
public static int max(int a, int b)
public static int min(int a, int b)
```

```
static double sum(double a, double b)
static double max(double a, double b)
static double min(double a, double b)
```

　これらの引数や戻り値の値の型は、Integer や Double クラスなどの参照型ではなく、int や double などのプリミティブ型であることに注意してください。

sum() の引数にリストや配列などは指定できません。

Math クラス

Math クラスにはより厳密な計算を行うための一連のメソッドが追加されました。

これまで、演算子を使った通常の算術でオーバーフローが発生しても、そのことは指摘されず、間違った結果が返されていました。たとえば、次のコードがあるとします。

```
int x = 100000;
int y = 100000;
System.out.println( x * y );
```

この結果は、10000000000 になるべきですが、オーバーフローが発生して、1410065408 と出力されます。

次のようにすれば、例外が発生して、オーバーフローが起きたことを検出できます。

```
int x = 100000;
int y = 100000;
System.out.println( Math.multiplyExact(x, y) );
```

Java 1.5 以降により正確な計算のために Math に追加されたメソッドは次の表の通りです。

表 13.1 ● Java 1.5 以降 Math クラスに追加されたメソッド

メソッド	説明
double log10(double)	10 を底とする対数または Nan、無限大を返す。
double cbrt(double)	立方根または Nan、無限大を返す。
int addExact(int, int)	引数の合計を返す。オーバーフローする場合は例外をスローする。
long addExact(long, long)	引数の合計を返す。オーバーフローする場合は例外をスローする。
int subtractExact(int, int)	引数の差分を返す。オーバーフローする場合は例外をスローする。
long subtractExact(long, long)	引数の差分を返す。オーバーフローする場合は例外をスローする。
int multiplyExact(int, int)	乗算の結果を返す。オーバーフローした場合は例外をスローする。

メソッド	説明
long multiplyExact(long, long)	乗算の結果を返す。オーバーフローした場合は例外をスローする。
int incrementExact(int)	引数を1だけ増分して返す。オーバーフローした場合は例外をスローする。
long incrementExact(long)	引数を1だけ増分して返す。オーバーフローした場合は例外をスローする。
int decrementExact(int)	引数を1だけ減分したものを返す。オーバーフローした場合は例外をスローする。
long decrementExact(long)	引数を1だけ減分したものを返す。オーバーフローした場合は例外をスローする。
int negateExact(int)	引数の否定を返す。オーバーフローした場合は例外をスローする。
long negateExact(long)	引数の否定を返す。オーバーフローした場合は例外をスローする。
toIntExact(long)	long 引数の値を返す。値が int に収まらない場合は例外をスローする。
int floorDiv(int, int)	商代数以下の最大（正の無限大に最も近い）int 値を返す。被除数が Integer.MIN_VALUE で、除数が −1 である場合、Integer.MIN_VALUE を返す。
long floorDiv(long, long)	商代数以下の最大（正の無限大に最も近い）long 値を返す。被除数が Long.MIN_VALUE で、除数が −1 である場合、Long.MIN_VALUE を返す。
int floorMod(int, int)	int 引数のフロアモジュラスを返す。
long floorMod(long, long)	long 引数のフロアモジュラスを返す。
double ulp(double)	引数のサイズまたは NaN か無限大を返す。
float ulp(float)	引数のサイズまたは NaN か無限大を返す。
double signum(double)	引数の符号要素または NaN かゼロを返す。
float signum(float)	引数の符号要素または NaN かゼロを返す。
double sinh(double)	double 値の双曲線正弦または NaN か無限大を返す。
double cosh(double)	double 値の双曲線余弦または NaN か無限大を返す。
double tanh(double)	double 値の双曲線正接または NaN かゼロ、± 1.0 を返す。
double hypot(double, double)	$\sqrt{x^2 + y^2}$ または NaN か無限大を返す。
double expm1(double)	$e^x - 1$ または NaN か無限大、−1.0 を返す。
double log1p(double)	引数と1の合計の自然対数または NaN か無限大を返す。
double copySign(double, double)	2番目の浮動小数点引数の符号を付けた最初の浮動小数点引数を返す。
float copySign(float, float)	2番目の浮動小数点引数の符号を付けた最初の浮動小数点引数を返す。

メソッド	説明
int getExponent(float)	floatの表現で使用されているバイアスなしの指数またはFloat.MAX_EXPONENT±1を返す。
int getExponent(double)	doubleの表現で使用されているバイアスなしの指数またはDouble.MAX_EXPONENT±1を返す。
double nextAfter(double, double)	2番目の引数の方向で、最初の引数に隣接する浮動小数点値またはNaN、direction、ゼロ、Double.MAX_VALUE、無限大を返す。
float nextAfter(float, double)	2番目の引数の方向で、最初の引数に隣接する浮動小数点値またはNaN、direction、ゼロ、Float.MAX_VALUE、無限大を返す。
double nextUp(double)	正の無限大方向で引数の値に隣接する浮動小数点値またはNaN、無限大、Double.MIN_VALUEを返す。
float nextUp(float)	正の無限大方向で引数の値に隣接する浮動小数点値またはNaN、無限大、Float.MIN_VALUEを返す。
double nextDown(double)	負の無限大方向で引数の値に隣接する浮動小数点値またはNaN、負の無限大、-Double.MIN_VALUEを返す。
float nextDown(float)	負の無限大方向で引数の値に隣接する浮動小数点値またはNaN、負の無限大、-Double.MIN_VALUEを返す。
double scalb(double, int)	最初の引数値×第二の引数値を丸めた値またはNaN、無限大値、ゼロを返す。
float scalb(float, int)	最初の引数値×第二の引数値を丸めた値またはNaN、無限大値、ゼロを返す。

第 2 部

GUI プログラミング

Topic 14	JavaFX
Topic 15	JavaFX のグラフィックス
Topic 16	FXML
Topic 17	CSS
Topic 18	アニメーション
Topic 19	ビデオとサウンド
Topic 20	印刷

Topic 14 JavaFX

JavaFXは、Javaに導入された新しいユーザーインタフェースツールキットです。JavaFXを使うことで、リッチなGUIアプリケーションをJavaで作成することができます。

JavaFXの概要

これまで、JavaにはAWT（Abstract Window Toolkit）やSwingと呼ぶGUIツールキットが提供されてきました。しかし、これらの拡張には限界があり、最新のテクノロジーを導入したツールキットとしてJavaFXがJavaに導入されました。JavaFXは、Java 8でJava SE JDK 8に統合されました（ただし、本書執筆時点では、ドキュメントなど一部は統合されていません）。

図14.1 ● JavaFXを使ったGUIアプリケーションの例（Java 8のサンプルModena）

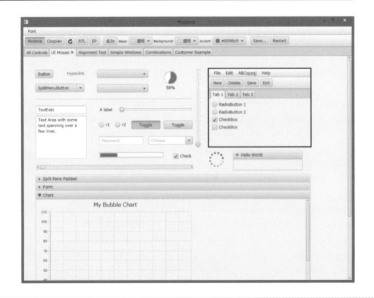

JavaFXはとてもリッチなGUIを利用できるようにするだけでなく、XMLをベースとしたドキュメントやCSSでレイアウトや見た目を記述できます。また、アニメーションや特殊効果なども、他の要素を追加することなく利用できるようになります。

シンプルなGUIアプリケーション

最初に、シンプルなプログラムの例を見てみましょう。

ここで示す例は、タイトルバーとウィンドウに「Hello, JavaFX」と表示するだけのシンプルなGUIアプリケーションの例です（表示される外観の詳細はプラットフォームによって異なります）。

図14.2 ●シンプルなGUIアプリケーションの例（Windows）

図14.3 ●シンプルなGUIアプリケーションの例（Linux）

プログラムの詳細はあとで見ることにして、全体を眺めてみましょう。

リスト 14.1 ● JavaFXWnd.java

```java
import javafx.application.Application;
import javafx.scene.Scene;
import javafx.scene.control.Label;
import javafx.scene.text.Font;
import javafx.stage.Stage;

public class JavaFXWnd extends Application {

 @Override
 public void start(Stage stage) throws Exception {
    stage.setTitle("Hello, JavaFX");
    stage.setWidth(540);
    stage.setHeight(220);
    Label lblMsg = new Label("Hello, JavaFX");
    lblMsg.setFont(new Font(80));
    stage.setScene(new Scene(lblMsg));
    stage.show();
 }
}
```

　このシンプルなコードでそれぞれのプラットフォームに応じた GUI アプリケーションができます。

　プログラムの最初の部分は、一連の import 文です。インポートするのはすべてルートパッケージ名が javafx であるクラスです。

```java
import javafx.application.Application;
import javafx.scene.Scene;
import javafx.scene.control.Label;
import javafx.scene.text.Font;
import javafx.stage.Stage;
```

　JavaFX アプリケーションはすべて javafx.application.Application クラスを拡張したクラスとして作ります。そこで、JavaFX アプリケーションを作るときには、最初にこの Application クラスを継承するクラスを定義します。

```java
public class JavaFXWnd extends Application {

}
```

このクラスには、Applicationクラスの抽象メソッドstart()を実装（オーバーライド）します。

```
public class JavaFXWnd extends Application {

  @Override
  public void start(Stage stage) throws Exception {

  }
}
```

このメソッドの引数 stage は、アプリケーションの主ステージ（primary stage）です。主ステージはアプリケーションのトップレベルウィンドウで、このステージには、アプリケーションのシーン（scene）をセットできます。この段階では、シーンはツリー状に構成されるもの（ノード）が表示されるものと考えてください。

たとえば、次のようにすることで、ウィンドウのタイトルを設定することができます。

```
public void start(Stage stage) throws Exception {

  @Override
  stage.setTitle("Hello, JavaFX");

}
```

また、次のコードでウィンドウの幅と高さを指定できます。

```
stage.setWidth(520);
stage.setHeight(220);
```

ウィンドウのクライアント領域（ウィンドウのタイトルバーや枠などを除いた内部）に文字列「Hello, JavaFX」を表示するために、ここではLabel（ラベル）を使います。このLabelはjavafx.scene.control.Labelです（AWTにもjava.awt.LabelがありますがJavaFXではjavafx.scene.control.Labelを使います）。

ラベルは次のコードで作成します。

```
Label lblMsg = new Label("Hello, JavaFX");
```

次にフォントのサイズを大きめ（この場合は 80）に設定します。この Font も AWT の Font ではなく、javafx.scene.text.Font です。

```
lblMsg.setFont(new Font(80));
```

そして、Label を Scene（シーン）として作成して stage に設定します。

```
stage.setScene(new Scene(lblMsg));
```

最後に stage を show() で表示します。

```
stage.show();
```

start() は全体で次のようになります。

```
public class JavaFXWnd extends Application {

  @Override
  public void start(Stage stage) throws Exception {
    stage.setTitle("Hello, JavaFX");
    stage.setWidth(520);
    stage.setHeight(220);
    Label lblMsg = new Label("Hello, JavaFX");
    lblMsg.setFont(new Font(80));
    stage.setScene(new Scene(lblMsg));
    stage.show();
  }
}
```

なお、このプログラムには Java プログラムのエントリーポイントである main() がありません。Java 8 ではこのような main() がないプログラムで構いませんが、もし main() を記述したければ、次のように記述することもできます。

```
import …

public class JavaFXWnd extends Application {

  public static void main(String... args) {

    Application.launch(args);
```

```
  }

  @Override
  public void start(Stage stage) throws Exception {
    (前のリストと同じ)
  }
}
```

JavaFX アプリケーションでも、これまでと同じようにコンソールを使うことができます。たとえば、次のようにすれば、図に示したのと同じウィンドウが表示される前に、コンソール（コマンドプロンプトウィンドウ）に「Hello, JavaFX」と出力されます。

```
public static void main(String... args) {

  System.out.println("Hello, JavaFX ");
  Application.launch(args);

}
```

コントロール

前の例では文字列を表示するために Label を使いましたが、このようなプログラムの部品をコントロールと呼びます。

JavaFX には従来の GUI ツールキット（AWT、Swing）と同等なものに加えて多数の新しいコントロールが用意されています。たとえば、すでに見た Label のほかに、Button（ボタン、コマンドボタン）、RadioButton（ラジオボタン）、CheckBox（チェックボックス）、TextField（テキストフィールド）、TextArea（テキストエリア）、ListView（項目リスト）、ComboBox（コンボボックス）などなど、多数のコントロールが用意されています。コントロールを使うための基本的な考え方は従来と同じですが、書式や用語が変わっています。

ここでは、次の図に示す、Label と Button がある単純なアプリケーションを見てみましょう。

図14.4 ● ラベルとボタンを配置する例

Application クラスを拡張継承するクラスとその中に記述する start() は前のサンプルと同じ構造です。ここでは、クラス名を HelloBtn としました。

```
public class HelloBtn extends Application {

  @Override
  public void start(Stage stage) throws Exception {

  }
}
```

Application.start() の中には次のようなコードを記述します。

最初に、ウィンドウのタイトルを設定します。このコードは前のサンプルと同じです。

```
stage.setTitle("Hello, JavaFX");
```

次に、ウィンドウのサイズを適切に設定します。

```
stage.setWidth(240);                          // 幅を設定する
stage.setHeight(120);                         // 高さを設定する
```

Label を作成してフォントを設定するコードも前のサンプルと同じです。

```
Label lblMsg = new Label("Hello, JavaFX");
lblMsg.setFont(new Font(12));
```

次に Button を作成し、適切な幅（PrefWidth）を設定します。

```
Button btnOk = new Button("OK");
btnOk.setPrefWidth(80);
```

Button のイベントハンドラは、ラムダ式を使って次のように単純に記述することができます。

```
btnOk.setOnAction(event -> lblMsg.setText("Clicked"));
```

ラムダ式「event -> lblMsg.setText("Clicked")」を省略しないで記述するとしたら、次のように書くこともできます。

```
btnOk.setOnAction( ( event ) -> { lblMsg.setText("Clicked"); } );
```

つまり、仮引数 event に対して、{ } の中のコード「lblMsg.setText("Clicked");」を評価（すなわち実行）します。これで Button でクリックというアクションが発生したときに、Label に「Clicked」と表示することができます。

次に、LabelButton をウィンドウのクライアント領域に表示します。この場合は表示するべきコントロールが 2 個あるので、レイアウトのためのクラス VBox を使います（以前のレイアウトマネージャに似たものと考えてください）。VBox は、要素（ノード）を上から順に表示します。

```
VBox root = new VBox();
```

この場合、このレイアウトクラスはクライアント領域に直接表示される（クライアント領域に最も近いレベルに表示される）ので、名前はrootとします。

レイアウトする要素は、領域の中心に配置するようにします。

```
root.setAlignment(Pos.CENTER);
```

また、コントロールの間に少し隙間を空けるための設定を行います。

```
root.setPadding(new Insets(10, 10, 10, 10));
root.setSpacing(20.0);
```

setPadding()は個々のボックスに埋め込むときの周囲の余白、setSpacing()は垂直方向の間隔を設定します。

そして、VBoxのペインに2個のノード（Label、Button）を追加します。

```
root.getChildren().addAll(lblMsg, btnOk);
```

こうしてできたレイアウトを、stageにScene（シーン）として設定し、表示します。

```
stage.setScene(new Scene(root));
stage.show();
```

必要なimport文を加えたプログラム全体は次のようになります。

リスト 14.2 ● HelloBtn.java

```java
import javafx.application.Application;
import javafx.geometry.Insets;
import javafx.geometry.Pos;
import javafx.scene.Scene;
import javafx.scene.control.Button;
import javafx.scene.control.Label;
import javafx.scene.layout.VBox;
import javafx.scene.text.Font;
import javafx.stage.Stage;

public class HelloBtn extends Application {
```

```java
    @Override
    public void start(Stage stage) throws Exception {
      stage.setTitle("Hello, JavaFX");
      stage.setWidth(240);
      stage.setHeight(120);

      Label lblMsg = new Label("Hello, JavaFX");
      lblMsg.setFont(new Font(12));

      Button btnOk = new Button("OK");
      btnOk.setPrefWidth(80);
      btnOk.setOnAction(event -> lblMsg.setText("Clicked"));

      VBox root = new VBox();
      root.setAlignment(Pos.CENTER);
      root.setPadding(new Insets(10, 10, 10, 10));
      root.setSpacing(20.0);
      root.getChildren().addAll(lblMsg, btnOk);

      stage.setScene(new Scene(root));
      stage.show();
    }
}
```

プログラムを起動すると、この項の最初の図に示したようにラベルと［OK］ボタンがあるウィンドウが表示され、［OK］ボタンをクリックすると次の図に示すように表示が変わります。

図 14.5 ● HelloBtn（ボタンをクリックしたあと）

ここで使用しているクラスの多くは、JavaFX の名前空間にも AWT の名前空間にも同じ名前で定義されています。import 文でインポートするときにパッケージ名を間違えないように注意する必要があります。

javafx.scene.control にあるコントロールのクラスは次の通りです。

表 14.1 ●コントロールのクラス

クラス	解説
Accordion	TitlePane（閉じたり開いたりできるタイトルのあるパネル）のグループのクラス。
Button	単純なボタンコントロールのクラス。
CheckBox	チェックボックスのクラス。
CheckMenuItem	チェックメニューのメニュー項目のクラス。
ChoiceBox<T>	選択ボックスのクラス。
ColorPicker	カラー選択コントロールのクラス。
ComboBox<T>	コンボボックスのクラス。
ContextMenu	コンテキストメニューのクラス。
CustomMenuItem	カスタムメニュー項目のクラス。
DatePicker	日付選択コントロールのクラス。
Hyperlink	HTML のハイパーリンクと同様なハイパーリンクを提供するクラス。
Label	編集できない（表示用）テキストコントロールのクラス。
ListView<T>	垂直／水平リストを表示するコントロールのクラス。
Menu	ポップアップメニューのクラス。
MenuBar	メニューバーのクラス。
MenuButton	メニューボタンのクラス。
MenuItem	Menu で使ってメニュー項目を表すクラス。
Pagination	ページ付のためのクラス。
PasswordField	パスワードフィールドのためのクラス。
ProgressBar	プログレスバー（進捗状況表示バー）のクラス。
ProgressIndicator	プログレスバーの状況を表示する円いコントロールのクラス。
RadioButton	ラジオボタンのクラス。
RadioMenuItem	トグル切り替えできる MenuItem のクラス。
ScrollBar	スクロールバーのクラス。

クラス	解説
ScrollPane	スクロールできるペインコントロールのクラス。
Separator	垂直／水平セパレーターラインのクラス。
SeparatorMenuItem	メニューのセパレーターとして使う MenuItem クラス。
Slider	スライダーのクラス。
SplitPane	2個以上に分割できるペインのコントロールのクラス。
Tab	TabPane にあるタブのクラス。
TableView<S>	テーブルの外観を提供するクラス。
TabPane	タブのペインを表すクラス。
TextArea	複数行テキストの編集コントロールのクラス。
TextField	1行のテキストの編集コントロールのクラス。
TitledPane	閉じたり開いたりできるタイトルのあるパネル。
ToggleButton	トグルボタンのクラス。
ToggleGroup	トグルボタンのグループのクラス。
ToolBar	垂直／水平に表示できるツールバーコントロールのクラス。
Tooltip	ノードの上にマウスポインタを移動したときに表示されるツールチップのクラス。
TreeTableView<S>	ツリー状に表示できる表のコントロールのクラス。
TreeView<T>	項目をツリー状に表示できるコントロールのクラス。

JavaFXで使うことができるさまざまなコントロールは、Java SE 8 JDKのサンプルModenaで見ることができます。なお、デモとサンプルは、Oracleのダウンロードページ（執筆時点では http://www.oracle.com/technetwork/java/javase/downloads/jdk8-downloads-2133151.html）から JDK とは別に「Java SE Development Kit 8u31 Demos and Samples Downloads」の中からダウンロードします（Modena は jdk1.8.0_31/demo/javafx_samples にあります）。

ここで、いくつかのコントロールを活用したサンプル BMI を見てみましょう。

次の図に示す BMI（Body Math Index）を計算するプログラムを作成してみます。BMI は肥満度を示す値で、身長と体重から次の式で計算します。

体重 (kg)/((身長 (m) × (身長 (m))

図 14.6 ● BMI

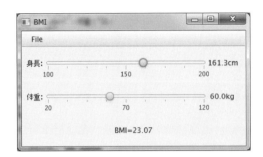

このアプリケーションで使用するコントロールは次の通りです。

表 14.2 ● BMI で使うコントロール

コントロール	名前	解説
MenuBar	menuBar	メニューバー
MenuItem	mnuExit	[Exit] メニュー項目
Label	lblWv	体重の値を表示するラベル
Label	lblHv	身長の値を表示するラベル
Label	lblH	" 身長:" を表示するラベル
Label	lblW	" 体重:" を表示するラベル
Slider	sliderH	身長を指定するスライダー
Slider	sliderW	体重を指定するスライダー
Label	lblBMI	BMIの値を表示するラベル

アプリケーションのクラスは、これまで同様に javafx.application.Application を拡張継承して作成します。

```
public class BMI extends Application {

}
```

最初に、クラスの変数として、複数のメソッドから参照する Label と Slider を宣言します。

```
Label lblWv = new Label();
Label lblHv = new Label();
Slider sliderH = new Slider(100, 200, 1.0);
Slider sliderW = new Slider(20, 120, 1.0);
Label lblBMI = new Label("BMI");
```

start() をオーバーライドして、メインウィンドウのタイトルと幅と高さを設定します。

```
@Override
public void start(Stage stage) throws Exception {
  stage.setTitle("BMI");
  stage.setWidth(400);
  stage.setHeight(230);
```

次にメニューを作成します。まずメニューバーを作成して[File]メニューを作成し、さらに[Exit]メニューを作成してイベントハンドラを定義し、[Exit]メニューのノードを[File]メニューの子ノードとして設定します。

```
// メニューバーとメニュー項目を作成する
MenuBar menuBar = new MenuBar();
menuBar.setUseSystemMenuBar(true);
Menu fileMenu = new Menu("File");
menuBar.getMenus().add(fileMenu);
MenuItem mnuExit = new MenuItem("Exit");

// イベントハンドラ
mnuExit.setOnAction(new EventHandler<ActionEvent>() {
   @Override
   public void handle(ActionEvent e) {
       System.exit(0);
   }
});

// [File]メニューの子ノードとして[Exit]を追加する
fileMenu.getItems().addAll(mnuExit);
```

上のコードではイベントハンドラを匿名メソッドとして記述しましたが、このイベントハンドラは次のようにラムダ式を使って簡潔に記述しても構いません。

```
mnuExit.setOnAction(event -> System.exit(0));
```

　そして、身長のラベルとスライダーを作成します。スライダーは、`setOrientation()` で水平方向に表示されるように指定し、`setShowTickMarks()` と `setShowTickLabels()` で目盛りを表示するようにします。

```
// 身長のラベルとスライダー
Label lblH = new Label(" 身長：");
sliderH.setValue(170);
sliderH.setPrefWidth(280);
sliderH.setOrientation(Orientation.HORIZONTAL);
sliderH.setShowTickMarks(true);
sliderH.setShowTickLabels(true);
sliderH.setMajorTickUnit(50.0f);
sliderH.setBlockIncrement(5.0f);
lblHv.setText(sliderH.getValue() + "cm");
```

　さらに、スライダーの操作に対応するように、マウスとキーのイベントを処理します。これは、ラムダ式を使って `updateValue()` を呼び出します。`updateValue()` はあとで作成します。

```
sliderH.setOnMouseClicked(event -> updateValue());
sliderH.setOnKeyPressed(event -> updateValue());
```

　作成したラベルやスライダーは、水平に配置したいので、HBox を作成して子ノードとして追加します。

```
HBox boxH = new HBox();
boxH.getChildren().addAll(lblH, sliderH, lblHv);
```

　体重のラベルとスライダーもやることは身長の場合と同じです。

```
// 体重のラベルとスライダー
Label lblW = new Label(" 体重：");
sliderW.setValue(60);
sliderW.setPrefWidth(280);
sliderW.setOrientation(Orientation.HORIZONTAL);
sliderW.setShowTickMarks(true);
sliderW.setShowTickLabels(true);
sliderW.setMajorTickUnit(50.0f);
```

```
sliderW.setBlockIncrement(5.0f);
lblHv.setText(sliderW.getValue() + "kg");
sliderW.setOnMouseClicked(event -> updateValue());
sliderW.setOnKeyPressed(event -> updateValue());

HBox boxW = new HBox();
boxW.getChildren().addAll(lblW, sliderW, lblWv);
```

必要なものができたら、VBox を作成して垂直に配置します。

```
VBox root = new VBox();
root.setAlignment(Pos.TOP_CENTER);
root.setPadding(new Insets(1, 1, 1, 1));
root.setSpacing(20.0);
root.getChildren().addAll(menuBar, boxH, boxW, lblBMI);
```

updateValue() では、身長と体重のスライダーの値から身長と体重の値をそれぞれ表示したのち、BMI を計算して BMI のラベルに表示します。

```
void updateValue(){
  double h = sliderH.getValue();
  double w = sliderW.getValue();
  lblHv.setText(String.format("%5.1f", h) + "cm");
  lblWv.setText(String.format("%5.1f", w) + "kg");
  double bmi = 10000.0 * w / (h * h);
  lblBMI.setText(String.format("BMI=%5.2f", bmi));
}
```

必要な一連の import 文を追加したプログラム全体は次のようになります。

リスト 14.3 ● BMI.java

```
import javafx.application.Application;
import javafx.event.ActionEvent;
import javafx.event.EventHandler;
import javafx.geometry.Insets;
import javafx.geometry.Orientation;
import javafx.geometry.Pos;
import javafx.scene.Scene;
import javafx.scene.control.Label;
import javafx.scene.control.Menu;
import javafx.scene.control.MenuBar;
```

```java
import javafx.scene.control.MenuItem;
import javafx.scene.control.Slider;
import javafx.scene.layout.HBox;
import javafx.scene.layout.VBox;
import javafx.stage.Stage;

public class BMI extends Application {

  Label lblWv = new Label();
  Label lblHv = new Label();
  Slider sliderH = new Slider(100, 200, 1.0);
  Slider sliderW = new Slider(20, 120, 1.0);
  Label lblBMI = new Label("BMI");

  @Override
  public void start(Stage stage) throws Exception {
    stage.setTitle("BMI");
    stage.setWidth(400);
    stage.setHeight(230);

    MenuBar menuBar = new MenuBar();
    menuBar.setUseSystemMenuBar(true);
    Menu fileMenu = new Menu("File");
    MenuItem mnuExit = new MenuItem("Exit");
    mnuExit.setOnAction(new EventHandler<ActionEvent>() {
      @Override
      public void handle(ActionEvent e) {
        System.exit(0);
      }
    });
    // または
    // mnuExit. setOnAction(event -> System.exit(0));
    fileMenu.getItems().addAll(mnuExit);
    menuBar.getMenus().add(fileMenu);

    // 身長のラベルとスライダー
    Label lblH = new Label(" 身長:");
    sliderH.setValue(170);
    sliderH.setPrefWidth(280);
    sliderH.setOrientation(Orientation.HORIZONTAL);
    sliderH.setShowTickMarks(true);
    sliderH.setShowTickLabels(true);
    sliderH.setMajorTickUnit(50.0f);
    sliderH.setBlockIncrement(5.0f);
```

```
        lblHv.setText(sliderH.getValue() + "cm");
        sliderH.setOnMouseClicked(event -> updateValue());
        sliderH.setOnKeyPressed(event -> updateValue());

        HBox boxH = new HBox();
        boxH.getChildren().addAll(lblH, sliderH, lblHv);

        // 体重のラベルとスライダー
        Label lblW = new Label(" 体重:");
        sliderW.setValue(60);
        sliderW.setPrefWidth(280);
        sliderW.setOrientation(Orientation.HORIZONTAL);
        sliderW.setShowTickMarks(true);
        sliderW.setShowTickLabels(true);
        sliderW.setMajorTickUnit(50.0f);
        sliderW.setBlockIncrement(5.0f);
        lblHv.setText(sliderW.getValue() + "kg");
        sliderW.setOnMouseClicked(event -> updateValue());
        sliderW.setOnKeyPressed(event -> updateValue());

        HBox boxW = new HBox();
        boxW.getChildren().addAll(lblW, sliderW, lblWv);

        VBox root = new VBox();
        root.setAlignment(Pos.TOP_CENTER);
        root.setPadding(new Insets(1, 1, 1, 1));
        root.setSpacing(20.0);
        root.getChildren().addAll(menuBar, boxH, boxW, lblBMI);

        updateValue();

        stage.setScene(new Scene(root));
        stage.show();
    }

    void updateValue(){
        double h = sliderH.getValue();
        double w = sliderW.getValue();
        lblHv.setText(String.format("%5.1f", h) + "cm");
        lblWv.setText(String.format("%5.1f", w) + "kg");
        double bmi = 10000.0 * w / (h * h);
        lblBMI.setText(String.format("BMI=%5.2f", bmi));
    }
}
```

レイアウト

これまで、ウィンドウに表示するべきコントロールが複数ある例で、レイアウトのためのクラス VBox や HBox を使いました。これは Swing のレイアウトマネージャに似ています。これらのクラスは javafx.scene.layout パッケージにあります。layout パッケージのクラスを次の表に示します。

表14.3 ● layout パッケージのクラス

クラス	解説
AnchorPane	子ノードをこのペインの端から指定した距離に配置できるようにするクラス。
Background	リージョン（Region）のバックグラウンドのクラス。
BackgroundFill	リージョン（Region）のバックグラウンドの塗りつぶし方を直接指定するクラス。
BackgroundImage	リージョン（Region）のバックグラウンドとしてイメージを表示するためのクラス。
BackgroundPosition	リージョン（Region）の描画領域の中の BackgroundImage の位置を表現するクラス。
BackgroundSize	リージョン（Region）の領域の中で BackgroundImage のサイズを表現するクラス。
Border	リージョン（Region）の境界を表現するクラス。
BorderImage	リージョン（Region）の境界としてイメージを描く方法を表現するクラス。
BorderPane	子要素を、上、左、右、下、中心にレイアウトするクラス。
BorderStroke	リージョン（Region）の境界の線のクラス。
BorderStrokeStyle	BorderStroke のひとつのサイドに使うストロークのスタイルを表すクラス。
BorderWidths	境界の四辺の幅を表現するクラス。
ColumnConstraints	GridPane の中の縦列のレイアウト制約を表現するクラス。
ConstraintsBase	レイアウト制約のベースクラス。
CornerRadii	BorderStroke の4つのコーナーの半径を表すクラス。
CornerRadiiConverter	指定したサイズを CornerRadii に変換するクラス。
FlowPane	子要素をフローレイアウトにするクラス。
GridPane	子要素をグリッド状のレイアウトにするクラス。
HBox	子要素を横方向にレイアウトにするクラス。
Pane	レイアウトに使うペインのベースクラス。
Region	JavaFX のコントロールやレイアウトコンテナのベースクラス。
RowConstraints	GridPane の中の行のレイアウト制約を表現するクラス。

クラス	解説
StackPane	後ろから前に子要素を配置するクラス。
TilePane	子要素をタイル状に配置するクラス。
VBox	子要素を縦方向にレイアウトにするクラス。

次の例は、レイアウトコンテナとしてVBoxを使ってButtonを5個配置するプログラムの例です。

リスト 14.4 ● VBoxs.java

```java
import javafx.application.Application;
import javafx.geometry.Insets;
import javafx.geometry.Pos;
import javafx.scene.Scene;
import javafx.scene.control.Button;
import javafx.scene.layout.VBox;
import javafx.stage.Stage;

public class VBoxs extends Application {

  @Override
  public void start(Stage stage) throws Exception {
    stage.setTitle("VBoxs");

    Button button[] = new Button[5];

    for (int i=0; i<5;i++) {
      button[i] = new Button(Integer.toString(i));
      button[i].setPrefWidth(80);
    }

    VBox root = new VBox();
    root.setAlignment(Pos.CENTER);
    root.setPadding(new Insets(10, 10, 10, 10));
    root.setSpacing(2.0);
    root.getChildren().addAll(button);

    stage.setScene(new Scene(root));
    stage.show();
  }
}
```

図 14.7 ● VBox の使用例

VBoxs.java の VBox を HBox に変えると次のようになります。

図 14.8 ● HBox の使用例

FlowPane を使うと、子要素をフローレイアウトにすることができます。

図 14.9 ● FlowPane の使用例

　要素には子要素を追加することができます。そして、子要素にはさらに子要素を追加することができます。このようにして階層的に構成することで複雑なレイアウトを実現できます。
　次のプログラムは、次の図に示すような構成のレイアウトをプログラムコードで記述したものです。

図 14.10 ● Complex.java のコンテナ構成

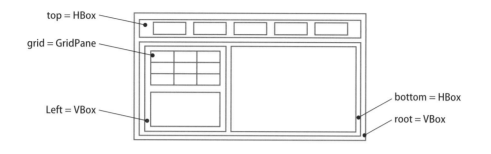

リスト 14.5 ● Complex.java

```java
import javafx.application.Application;
import javafx.geometry.Insets;
import javafx.geometry.Pos;
import javafx.scene.Scene;
import javafx.scene.control.Button;
import javafx.scene.control.TextArea;
import javafx.scene.control.TextField;
import javafx.scene.layout.GridPane;
import javafx.scene.layout.HBox;
import javafx.scene.layout.VBox;
import javafx.stage.Stage;

public class Complex extends Application {

  @Override
  public void start(Stage stage) throws Exception {
    stage.setTitle("Complex");

    // top
    Button topBtn[] = new Button[5];
    for (int i=0; i<5;i++) {
      topBtn[i] = new Button(Integer.toString(i));
      topBtn[i].setPrefWidth(60);
    }
    HBox top = new HBox();
    top.setAlignment(Pos.CENTER);
    top.setSpacing(10);
```

```java
      top.setPadding(new Insets(5, 5, 5, 5));
      top.getChildren().addAll(topBtn);


      // left
      VBox left = new VBox();
      GridPane grid = new GridPane();
      TextField txtFld[] = new TextField[9];
      for (int i=0; i<9;i++) {
        txtFld[i] = new TextField(Integer.toString(i));
        txtFld[i].setPrefWidth(40);
        GridPane.setConstraints(txtFld[i], i/3, i%3);
      }
      grid.setAlignment(Pos.TOP_LEFT);
      grid.getChildren().addAll(txtFld);
      TextArea txtArea = new TextArea();
      txtArea.setPrefRowCount(5);
      txtArea.setPrefColumnCount(8);
      left.getChildren().addAll(grid, txtArea);

      // right
      TextArea right = new TextArea();
      right.setPrefRowCount(10);
      right.setPrefColumnCount(20);

      // bottom
      HBox bottom = new HBox();
      bottom.getChildren().addAll(left, right);

      // root
      VBox root = new VBox();
      root.setAlignment(Pos.CENTER);
      root.setPadding(new Insets(5, 5, 5, 5));
      root.setSpacing(3.0);
      root.getChildren().addAll(top, bottom);

      stage.setScene(new Scene(root));
      stage.show();
  }
}
```

このプログラムの実行時の状態を次の図に示します。

図 14.11 ● Complex

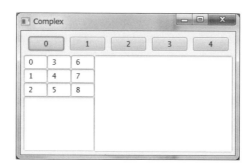

複雑なレイアウトをコードで記述することは推奨しません。複雑なレイアウトは GUI ビルダー（レイアウトを視覚的にデザインできるツール）を利用してください。ただし、GUI ビルダーを使って作ったレイアウトのコード詳細を理解するためには、上記のような複雑なレイアウトのコードを理解しておくことは重要です。

javafx.scene.layout パッケージの複数のクラスを使って複数の効果を重ねることもできます。次の例は、レイアウトコンテナとして FlowPane を使ってイメージをバックグラウンド（背景）に表示し、そこに Button を 5 個配置するプログラムの例です。

イメージはたとえば次のようにしてロードします。

```
Image img = new Image(getClass().getResource("sample.jpg").toExternalForm());
```

読み込んだイメージから BackgroundImage オブジェクトを作成します。

```
BackgroundImage bimg = new BackgroundImage(img, null, null, null, null);
```

詳しく説明すると、BackgroundImage のコンストラクタの書式は次の通りです。

```
public BackgroundImage(Image image,
                       BackgroundRepeat repeatX,
                       BackgroundRepeat repeatY,
                       BackgroundPosition position,
                       BackgroundSize size)
```

引数 *image* には、背景に使うイメージを指定します。この値は null にすることはできません。

2 番目と 3 番目の引数 *repeatX*、*repeatY* は BackgroundRepeat 型で、それぞれ x 軸と y 軸方向の背景画像の繰り返しの方法（NO_REPEAT、REPEAT、ROUND、SPACE のいずれか）を指定します。デフォルトは REPEAT です。

引数 *position* は BackgroundPosition 型で背景の位置（CENTER、DEFAULT のいずれか）を指定します。

引数 *size* は BackgroundSize 型で背景のサイズ（AUTO、DEFAULT のいずれか）を指定します。

2 番目以降の引数に null を指定した場合、デフォルト値が適用されます。

さらに Background オブジェクトを作成します。

```
Background bg = new Background(bimg);
```

そして、作成した Background をシーンに設定します。

```
root.setBackground(bg);
```

プログラム全体は次のようになります。

リスト 14.6 ● BGFlowPane.java

```
import javafx.application.Application;
import javafx.geometry.Insets;
import javafx.scene.Scene;
import javafx.scene.control.Button;
import javafx.scene.image.Image;
```

```java
import javafx.scene.layout.Background;
import javafx.scene.layout.BackgroundImage;
import javafx.scene.layout.FlowPane;
import javafx.stage.Stage;

public class BGFlowPane extends Application {

  @Override
  public void start(Stage stage) throws Exception {
    stage.setTitle("BGFlowPane");

    Button button[] = new Button[5];

    for (int i=0; i<5;i++) {
      button[i] = new Button(Integer.toString(i));
      button[i].setPrefWidth(80);
    }

    Image img = new Image(getClass().getResource("sample.jpg").toExternalForm());
    BackgroundImage bimg = new BackgroundImage(img, null, null, null, null);
    Background bg = new Background(bimg);
    FlowPane root = new FlowPane();
    root.setPadding(new Insets(10, 10, 10, 10));
    root.getChildren().addAll(button);
    root.setBackground(bg);

    stage.setScene(new Scene(root));
    stage.show();
  }
}
```

図14.12 ●バックグラウンドイメージを表示した例

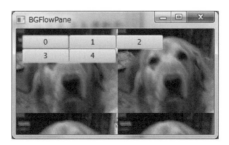

stage のコンポーネント

javafx.stage には、次の表に示すコンポーネントのクラスがあります。

表 14.4 ● stage のコンポーネントのクラス

クラス	解説
DirectoryChooser	ディレクトリ選択ダイアログボックスのクラス。
FileChooser	ファイル選択ダイアログボックスのクラス。
FileChooser.ExtensionFilter	ファイル選択ダイアログボックスの拡張子の選択リストのクラス。

ダイアログボックスのクラスはプログラミングのコンポーネントとして利用することができます。ExtensionFilter は、ファイル選択ダイアログボックスの拡張子の選択リストを表すクラスです。

たとえば、FileChooserを使って次のようなコードでファイル選択ダイアログボックスを表示することができます。

```
// ファイル選択ダイアログボックスのインスタンスを作成する
FileChooser fc = new FileChooser();
// ダイアログボックスに表示する拡張子を設定する
fc.getExtensionFilters().addAll(
      new FileChooser.ExtensionFilter("Text Files", "*.txt"),
      new FileChooser.ExtensionFilter("Java Files", "*.java"),
      new FileChooser.ExtensionFilter("All Files", "*.*"));
// ダイアログボックスを表示する
File file = fc.showOpenDialog(stage);
```

ファイルが選択されたら、次のコードでテキストファイルを読み込むことができます。

```
if (file.isFile()) {
  String txt = "";
  try{
    List<String> list = Files.readAllLines(file.toPath());
    for (String s: list)
      txt += s + "\n";
}// catchは省略
```

このコードは BOM なし UTF-8 のプレーンなテキストファイルを読み込みます。それ以外のエンコードのファイルを読み込むと例外が発生します。

他の形式のファイルを読み込めるようにするには、`java.nio.file.Files.readAllLines(Path path, Charset cs)` でキャラクタセットを指定してください。

実行できるプログラム全体は次のようになります。

リスト 14.7 ● TEXTViewer.java

```java
import java.io.File;
import java.io.FileNotFoundException;
import java.io.IOException;
import java.nio.file.Files;
import java.util.List;

import javafx.application.Application;
import javafx.scene.Scene;
import javafx.scene.control.Label;
import javafx.scene.control.Menu;
import javafx.scene.control.MenuBar;
import javafx.scene.control.MenuItem;
import javafx.scene.control.TextArea;
import javafx.scene.layout.VBox;
import javafx.stage.FileChooser;
import javafx.stage.Stage;

public class TEXTViewer extends Application {

  TextArea txtArea = new TextArea();
  Label lblStatus = new Label("");

  void fileOpen(Stage stage){
    FileChooser fc = new FileChooser();
    fc.getExtensionFilters().addAll(
        new FileChooser.ExtensionFilter("Text Files", "*.txt"),
        new FileChooser.ExtensionFilter("Java Files", "*.java"),
        new FileChooser.ExtensionFilter("All Files", "*.*"));
```

```java
      File file = fc.showOpenDialog(stage);
      if (file.isFile()) {
        String txt = "";
        try{
          List<String> list = Files.readAllLines(file.toPath());
          for (String s: list)
            txt += s + "\n";
        }catch(FileNotFoundException e){
          System.out.println(e);
        }catch(IOException e){
          System.out.println(e);
        }
        txtArea.setText(txt);
        lblStatus.setText(file.getPath());
      }
    }

    @Override
    public void start(Stage stage) throws Exception {
      stage.setTitle("TEXTViewer");

      MenuBar menuBar = new MenuBar();
      menuBar.setUseSystemMenuBar(true);
      Menu fileMenu = new Menu("File");
      MenuItem mnuOpen = new MenuItem("Open");
      mnuOpen.setOnAction(event -> fileOpen(stage));
      MenuItem mnuExit = new MenuItem("Exit");
      mnuExit.setOnAction(event -> System.exit(0));
      fileMenu.getItems().addAll(mnuOpen, mnuExit);
      menuBar.getMenus().add(fileMenu);

      txtArea.setPrefRowCount(15);
      txtArea.setPrefColumnCount(80);
      VBox root = new VBox();
      root.getChildren().addAll(menuBar, txtArea, lblStatus);

      stage.setScene(new Scene(root));
      stage.show();
    }
}
```

TEXTViewerの実行例を次の図に示します。

図14.13 ● TEXTViewerの実行例

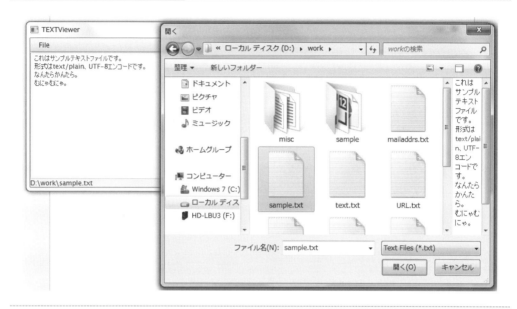

Topic 15 JavaFX のグラフィックス

ウィンドウにグラフィックスを表示する方法のひとつは、javafx.scene.shape にあるシェイプのクラスを使う方法です。ほかに、Canvas クラスにグラフィックスを描く方法もあります。

シンプルなグラフィックスアプリケーション

たとえば、次の図に示すような、円、楕円、2本の線を描きたいとします。

図 15.1 ● Graphics1

円を描くには、Circle オブジェクトを作ります。作成したオブジェクトに setFill() を使うと色を指定できます。次のコード例は、中心座標が (40, 40) で半径が 35 の円を描くためのコードの例です。

```
Circle circ = new Circle(40, 40, 35);      // Circleオブジェクトを作成する
circ.setFill(Color.BLUE);                  // 色をブルーにする
```

楕円の場合も同じように Ellipse オブジェクトを作り、必要に応じて色を設定します。次のコード例は、中心座標が (150, 45) で長軸の長さが 120（半分の長さは 60）、単軸の長さ 60（半分の長さは 30）の楕円を描くためのコードの例です。

```
Ellipse elips = new Ellipse(150, 45, 60, 30);
elips.setFill(Color.GRAY);
```

線は Line オブジェクトで作成します。setStrokeWidth() を使うことで線の太さを指定できます。

```
Line line1 = new Line(10, 80, 200, 80);
line1.setStrokeWidth(1.0);

Line line2 = new Line(10, 90, 200, 90);
line2.setStrokeWidth(5.0);
```

上の最初のコードは、座標 (10, 80) から (200, 80) に線を描きます。

描くオブジェクトを作成したら、それを描くための Group オブジェクトを root として作成し、そこにそれぞれのオブジェクト（ノード）を addAll() で追加します。

```
Group root = new Group();
root.getChildren().addAll(circ, elips, line1, line2);
```

シーンを作成して表示するためのコードはこれまでと同じです。

```
Scene scene = new Scene(root, 300, 200);
stage.setScene(scene);
stage.show();
```

プログラム全体は次のようになります。

リスト 15.1 ● Graphics1.java

```
import javafx.application.Application;
import javafx.scene.Group;
import javafx.scene.Scene;
import javafx.scene.paint.Color;
import javafx.scene.shape.Circle;
import javafx.scene.shape.Ellipse;
import javafx.scene.shape.Line;
import javafx.stage.Stage;

public class Graphics1 extends Application {
```

```java
    @Override
    public void start(Stage stage) {
      stage.setTitle("Graphics1");
      stage.setWidth(240);
      stage.setHeight(150);

      Circle circ = new Circle(40, 40, 35);
      circ.setFill(Color.BLUE);
      Ellipse elips = new Ellipse(150, 45, 60, 30);
      elips.setFill(Color.GRAY);

      Line line1 = new Line(10, 80, 200, 80);
      line1.setStrokeWidth(1.0);
      Line line2 = new Line(10, 90, 200, 90);
      line2.setStrokeWidth(5.0);

      Group root = new Group();
      root.getChildren().addAll(circ, elips, line1, line2);
      Scene scene = new Scene(root, 300, 200);

      stage.setScene(scene);
      stage.show();
    }
}
```

シェイプのクラス

javafx.scene.shape には、次の表に示すようなシェイプのクラスがあります。それぞれのシェイプのクラスの詳しい説明とサンプルコードは JDK のドキュメントや JDK のサンプルにあります。

表 15.1 ●シェイプのクラス

クラス	説明
Arc	2 次元の円弧を表すクラス。
ArcTo	現在の点から指定した点までの円弧を表すクラス。
Box	3 次元のボックスを表すクラス。
Circle	円を表すクラス。
ClosePath	閉じたパス（path、経路）を表すクラス。
CubicCurve	3 次曲線を表すクラス。
CubicCurveTo	現在の点から指定した点までの 3 次曲線を表すクラス。
Cylinder	円筒形を表すクラス。
Ellipse	楕円を表すクラス。
HLineTo	現在の点から指定した点までの水平線を表すクラス。
Line	両端の座標を指定した直線を表すクラス。
LineTo	現在の点から指定した点までの直線を表すクラス。
Mesh	3 次元幾何学サーフェスを表現するためのベースクラス。
MeshView	指定した 3 次元データでサーフェスを定義するクラス。
MoveTo	描画点を指定した位置に移動することを表すクラス。
Path	パス（path、経路）を表すクラス。
PathElement	パス（path、経路）の要素を表すクラス。
Polygon	多角形を表すクラス。
Polyline	一連の連続した線からなるポリラインを表すクラス。
QuadCurve	ベジェ曲線を表すクラス。
QuadCurveTo	現在の位置から指定した点までのベジェ曲線を表すクラス。
Rectangle	矩形を表すクラス。
Shape	シェイプの一般的なプロパティを提供するクラス。
Shape3D	3 次元シェイプの一般的なプロパティを提供するクラス。
Sphere	3 次元の球体を表すクラス。
SVGPath	文字列から SVG パスデータに変換されて構成されるシンプルなシェイプを表すクラス。
TriangleMesh	三角形のメッシュによる 3D モデルを表すクラス。
VLineTo	現在の点から指定された点までの垂直線を表すクラス。

これらのクラスのいくつかを使った例を次に示します。

リスト 15.2 ● Shapes.java

```java
import javafx.application.Application;
import javafx.scene.Group;
import javafx.scene.Scene;
import javafx.scene.shape.CubicCurve;
import javafx.scene.shape.HLineTo;
import javafx.scene.shape.Line;
import javafx.scene.shape.MoveTo;
import javafx.scene.shape.Path;
import javafx.scene.shape.Polyline;
import javafx.stage.Stage;

public class Shapes extends Application {

  @Override
  public void start(Stage stage) {
    stage.setTitle("Shapes");
    stage.setWidth(280);
    stage.setHeight(120);

    // Line
    Line hline = new Line(10, 10, 260, 10);

    // Pathを使う (MoveToとHLineTo)
    Path path = new Path();
    path.getElements().add(new MoveTo(10.0f, 15.0f));
    path.getElements().add(new HLineTo(120.0f));

    // CubicCurve
    CubicCurve cubic = new CubicCurve();
    cubic.setStartX(20.0f);
    cubic.setStartY(50.0f);
    cubic.setControlX1(25.0f);
    cubic.setControlY1(0.0f);
    cubic.setControlX2(75.0f);
    cubic.setControlY2(100.0f);
    cubic.setEndX(100.0f);
    cubic.setEndY(50.0f);

    // Polyline
```

```
    Polyline polyline = new Polyline();
    polyline.getPoints().addAll(new Double[]{
      160.0, 18.0,
      250.0, 30.0,
      160.0, 50.0,
      230.0, 60.0,
      165.0, 70.0 });

    Group root = new Group();
    root.getChildren().addAll(hline, path, cubic, polyline);
    Scene scene = new Scene(root, 300, 200);

    stage.setScene(scene);
    stage.show();
  }
}
```

このプログラムを実行すると次のように表示されます。

図 15.2 ● Shapes

シェイプのクラスを使うグラフィックスの描画は、描くものごとにそれぞれのシェイプクラスのオブジェクトを作成します。そのため、多数のグラフィックスを描くとパフォーマンスの点で問題が発生することがあります。その場合は、次の Canvas クラスを使います。

Canvas

JavaFX では、より高速な描画のためにグラフィックスコンテキストを使って描画メソッドで描くことができる Canvas オブジェクトが提供されています。この方法で描画すると、個々の描画オブジェクトをシェイプのクラスから作成して表示するよりもパフォーマンスの点で有利です。次のセクションで説明のために単純な図形を描く方法を示しますが、複雑な図形を多数描いたり、ピクセルごとに描くような場合には Canvas を使うとよいでしょう。

シンプルな描画アプリケーション

Canvas のグラフィックスコンテキスト（GC）と GC のメソッドを使って描画する単純なアプリケーションを見てみましょう。

図 15.3 ● Canvas

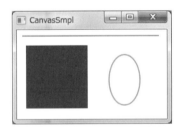

最初に大きさを指定して描画する領域である Canvas を作成します。そして、その Canvas の GC（GraphicsContext）を取得します。

```
final Canvas canvas = new Canvas(250,250);
GraphicsContext gc = canvas.getGraphicsContext2D();
```

以降、取得した GC に対して描画オブジェクトや描画属性を設定するためのメソッドを作用させて描画を行います。

たとえば、線を描くなら、setLineWidth() で線の太さを設定し、setStroke()

で線の色を指定し、strokeLine()で線を描きます

```
// 線を描く
gc.setLineWidth(2.0);
gc.setStroke(Color.DARKGRAY);
gc.strokeLine(10, 10, 230, 10);
```

塗り潰した矩形を描く場合は、setFill()で塗りつぶしに使う色を設定し、fillRect()で内部を塗り潰した矩形を描きます。

```
// 塗り潰した矩形を描く
gc.setFill(Color.BLUE);
gc.fillRect(15,25,100,100);
```

楕円を描くときにはstrokeOval()を使います。

```
// 楕円を描く
gc.strokeOval(150, 40, 50, 80);
```

そして、これらをシーンに追加します。

```
root.getChildren().add(canvas);
```

必要なimport文を追加したプログラム全体は次のようになります。

リスト 15.3 ● CanvasSmpl.java

```java
import javafx.application.Application;
import javafx.scene.Group;
import javafx.scene.Scene;
import javafx.scene.canvas.Canvas;
import javafx.scene.canvas.GraphicsContext;
import javafx.scene.control.Label;
import javafx.scene.control.Slider;
import javafx.scene.paint.Color;
import javafx.stage.Stage;

public class CanvasSmplextends Application {

  @Override
  public void start(Stage stage) throws Exception {
```

```java
        stage.setTitle("CanvasSmpl");
        stage.setWidth(260);
        stage.setHeight(180);

        Group root = new Group();

        final Canvas canvas = new Canvas(250,250);
        GraphicsContext gc = canvas.getGraphicsContext2D();

        // 線を描く
        gc.setLineWidth(2.0);
        gc.setStroke(Color.DARKGRAY);
        gc.strokeLine(10, 10, 230, 10);
        // 塗り潰した矩形を描く
        gc.setFill(Color.BLUE);
        gc.fillRect(15,25,100,100);
        // 楕円を描く
        gc.strokeOval(150, 40, 50, 80);

        root.getChildren().add(canvas);

        stage.setScene(new Scene(root, 300, 300));
        stage.show();
    }
}
```

描画メソッド

javafx.scene.canvas.GraphicsContext クラスの主な描画メソッドを次の表に示します。

表 15.2 ● GraphicsContext クラスの主な描画メソッド

メソッド	解説
drawImage()	指定した位置にイメージを描く。
fill()	パスを塗りつぶす。
fillArc()	内部を塗りつぶした円弧を描く。
fillOval()	内部を塗りつぶした楕円を描く。
fillPolygon()	内部を塗りつぶした多角形を描く。
fillRect()	内部を塗りつぶした矩形を描く。
fillRoundRect()	内部を塗りつぶした角の丸い矩形を描く。
fillText()	テキストを描く。
lineTo()	現在の点から指定した位置まで線を描く。
moveTo()	指定した位置に描画点を移動する。
quadraticCurveTo()	現在の位置から指定した位置まで二次曲線を描く。
stroke()	現在のパスを描く。
strokeArc()	弧を描く。
strokeLine()	線を描く。
strokeOval()	楕円を描く。
strokePolygon()	多角形を描く。
strokePolyline()	ポリラインを描く。
strokeRect()	矩形を描く。
strokeRoundRect()	角の丸い矩形を描く。
strokeText()	テキストを描く。

これらのメソッドのいくつかを使った例を次に示します。

リスト 15.4 ● GCMethods.java

```
import javafx.application.Application;
import javafx.scene.Group;
import javafx.scene.Scene;
import javafx.scene.canvas.Canvas;
```

```java
import javafx.scene.canvas.GraphicsContext;
import javafx.scene.image.Image;
import javafx.scene.paint.Color;
import javafx.scene.text.Font;
import javafx.stage.Stage;

public class GCMethods extends Application {

  @Override
  public void start(Stage stage) {
    stage.setTitle("GCMethods");
    stage.setWidth(320);
    stage.setHeight(300);

    final Canvas canvas = new Canvas(300,300);
    GraphicsContext gc = canvas.getGraphicsContext2D();

    // 線を描く
    gc.setLineWidth(2.0);
    gc.setStroke(Color.DARKGRAY);
    gc.strokeLine(10, 10, 300, 10);

    // 楕円を描く
    gc.fillOval(10, 20, 100, 70);

    // 矩形を描く
    gc.rect(120, 20, 160, 30);
    gc.stroke();

    // テキストを描く
    gc.setFont(new Font(20));
    gc.fillText("JaxaFXは最高だね！", 120, 80);

    // イメージを描く
    Image img = new Image(getClass().getResource("sample.jpg").toExternalForm());
    gc.drawImage(img, 20, 100);

    Group root = new Group();
    root.getChildren().addAll(canvas);
    Scene scene = new Scene(root, 300, 200);

    stage.setScene(scene);
    stage.show();
  }
```

```
}
```

　描画メソッドではない、rect()のようなパス（経路）を設定するメソッドは、そのあとでstroke()を実行することで実際にグラフィックスが描かれるという点に注意してください。
　このアプリケーションの実行例を次の図に示します。

図 15.4 ● GCMethods

Topic 16 FXML

JavaFXでは、JavaのコードでGUIをデザインするほかに、GUIの定義を外部のファイルに記述して実行時にロードすることもできます。

FXMLファイル

GUIを定義するファイルは、XML形式で記述し、FXMLファイルと呼びます。XMLファイルは原則として`<Tag>`と`</Tag>`で囲まれた要素で構成されるタグ付きドキュメントです（`<?`で始まる要素と`<Tag />`で完了する空要素は例外です）。

 XMLファイルの仕様について詳しくは他の書籍などを参照してください。

たとえば、ラベル1個を配置するFXMLファイルは次のように記述します。

```xml
<?xml version="1.0" encoding="UTF-8"?>
<?import javafx.scene.control.*?>
<?import javafx.scene.layout.*?>

<HBox>
 <children>
   <Label text="ラベル" prefWidth="80.0"  />
 </children>
</HBox>
```

最初の行はXML宣言と呼ぶ宣言です。

```xml
<?xml version="1.0" encoding="UTF-8"?>
```

これはこのドキュメントがXMLの仕様に従っていることと、エンコーディング

としてUTF-8を使っていることを指定しています。FXMLファイルはBOM（Byte Order Mark）なしUTF-8として保存してください。BOM付きで保存すると、FXMLファイルのJavaプログラムへのロードの際に例外が発生します。

 Windowsのメモ帳など、メジャーなアプリケーションでもBOMなしUTF-8で保存できないものがあります。その場合は他のBOMなしUTF-8で保存できるテキストエディタなどを使ってください。

次の2行は、このドキュメントの中で使うクラスに対応する`import`宣言です。

```
<?import javafx.scene.control.*?>
<?import javafx.scene.layout.*?>
```

コントロールは入れ子の形式で記述します。

```
<HBox>
 <children>
   <Label text="ラベル" prefWidth="80.0"  />
 </children>
</HBox>
```

この場合、いちばん外側が`HBox`で、その内側に`Label`を配置する指示です。内部に配置する際に、それが子ノードであることを表す`<children>`タグが必要であることに注意してください。

ここでは、次の図に示すような、やや複雑なアプリケーションのGUIをFXMLで記述する例を示します。

図 16.1 ● FxmlBMI

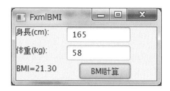

FXMLファイルはたとえば次のように記述します。

リスト 16.1 ● fxmlsmpl.fxml：FXML ファイル

```xml
<?xml version="1.0" encoding="UTF-8"?>
<?import javafx.scene.control.*?>
<?import javafx.scene.layout.*?>

<AnchorPane xmlns:fx="http://javafx.com/fxml" fx:controller="FxmlBMI"
    prefWidth="220.0" prefHeight="80.0">
 <children>
   <VBox spacing="5">
     <children>
       <HBox>
        <children>
          <Label text="身長(cm):" prefWidth="80.0"  />
          <TextField fx:id="txtHeight" prefWidth="100.0" />
        </children>
       </HBox>
       <HBox>
        <children>
          <Label text="体重(kg):" prefWidth="80.0" />
          <TextField fx:id="txtWeight" prefWidth="100.0" />
        </children>
       </HBox>
       <HBox>
        <children>
          <Label text="BMI" fx:id="txtBMI" prefWidth="100.0" />
          <Button onAction="#onCalcClicked" text="BMI計算" prefWidth="80.0" />
        </children>
```

```
            </HBox>
          </children>
        </VBox>
     </children>
</AnchorPane>
```

この一連のタグのうち、属性で「fx:id="txtHeight"」のようにfx:idを指定しているものは、あとでJavaプログラムで参照するためのIDです。また、「onAction="#onCalcClicked"」のようにonActionで指定しているのは、Javaのコードでイベントを処理するためです。

Javaのコード

FXMLファイルを読み込んでコントロールを配置して利用するJavaプログラムは、とても単純になります。

FXMLファイルをロードするためにFXMLLoaderクラスを使います。

```
FXMLLoader fxml = new FXMLLoader(getClass().getResource("fxmlsmpl.fxml"));
AnchorPane root = fxml.load();
```

ロードしたら、あとはコントロールのクラスを使うときと同じ方法で表示します。

```
Scene scene = new Scene(root);
stage.setScene(scene);
stage.show();
```

コントロールにはFXMLファイルでfx:id属性を指定してあるので、Javaのプログラムからコントロールの値にアクセスするにはアノテーション@FXMLを付けて変数を宣言するだけです。

```
@FXML
private TextField nameField;

@FXML
private Label resultField;
```

ボタンのイベント処理には次のようなイベントハンドラを記述します。

```java
@FXML
public void handleOK(ActionEvent event) {
  // OKボタンがクリックされた時の動作
  String result = nameField.getText() + "さん、こんにちは。";
  resultField.setText(result);
}
```

プログラム全体は次のようになります。

リスト 16.2 ● FxmlBMI.java：Java ソース

```java
import javafx.application.Application;
import javafx.event.ActionEvent;
import javafx.fxml.FXML;
import javafx.fxml.FXMLLoader;
import javafx.scene.Scene;
import javafx.scene.control.Label;
import javafx.scene.control.TextField;
import javafx.scene.layout.AnchorPane;
import javafx.stage.Stage;

public class FxmlBMI extends Application {

  @Override
  public void start(Stage stage) throws Exception {
    stage.setTitle("FXMLサンプル");
    FXMLLoader fxml = new FXMLLoader(getClass().getResource("fxmlsmpl.fxml"));
    AnchorPane root = fxml.load();
    Scene scene = new Scene(root);
    stage.setScene(scene);
    stage.show();
  }

  @FXML
  private TextField nameField;
  @FXML
  private Label resultField;
  @FXML
  public void handleOK(ActionEvent event) {
    // OKボタンがクリックされた時の動作
    String result = nameField.getText() + "さん、こんにちは。";
```

```
        resultField.setText(result);
    }
}
```

　FXMLファイルは、GUIデザインと操作や処理のJavaコードを分離できて便利ですが、実際活用するには、プログラムが実行されてロードされたときでないとFXMLファイルの間違いがわからないので、手作業で複雑なFXMLファイルを記述するのはあまり現実的ではないでしょう。

　グラフィカルにデザインした結果をFXMLファイルに出力するGUIビルダーを活用するとき、FXMLファイルは威力を発揮します。その際に、FXMLファイルの記述内容を理解できるようにしておく必要があります。

Topic 17 CSS

JavaFXのプログラムは、HTMLで使うものと同等のCSSを使ってスタイルを指定することができます。

CSSについて

CSS（Cascading Style Sheet）は、もともともとHTMLファイルで利用して、いわゆるホームページの各要素のスタイルを指定するために開発されました。

CSSは一般的に次の形式で記述します。

> *selector* { *property: value;* [*property: value:*…] }

*selector*はスタイルを適用する要素を指定し、*property*はプロパティの名前、*value*はプロパティの値です。

たとえば、HTMLのbody要素にフォントのサイズとして24px、色としてblueを指定するときには、次のようにします。

```
body { font-size:24px; color:blue }
```

表示できるHTMLファイルとして記述するときには、たとえば次のように記述することができます。

リスト17.1 ● CSSSample.html

```
<!DOCTYPE html>
<!-- CSSSample.html -->
```

```
<html lang="en" xmlns="http://www.w3.org/1999/xhtml">
<head>
   <meta charset="utf-8" />
   <title>CSSのサンプル</title>
 <style type="text/css">
   <!--
     body { font-size:24px; color:blue }
   -->
 </style>
</head>
<body>
 <h1>CSSのサンプル</h1>
 <p>CSSで、色はブルー、サイズは24pxを指定しているので、<br />
    文字はブルーで、本文は指定したサイズで表示されます。</p>
</body>
</html>
```

CSS だけを別のファイルに記述して、拡張子が css であるファイルとして保存して、表示するときに読み込むようにすることもできます。

図 17.1 ● HTMLSample.html の表示例

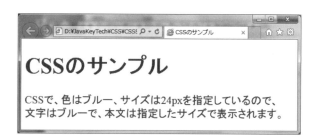

JavaFX の CSS

JavaFX での CSS は、HTML で使用する CSS と基本的には同じです。ただし、*selector* と *property* およびその値は HTML とはまったく違います。

たとえば、Button にはコントロールに共通のプロパティに加えて次のような固有のプロパティがあります。

表 17.1 ● Button 固有のプロパティ

プロパティ	解説
-fx-alignment	配置の仕方。top-left、top-center、top-right、center-left、center、center-right、bottom-left、bottom-center、bottom-right、baseline-left、baseline-center、baseline-right のいずれか。
-fx-text-alignment	テキストの配置の仕方。left、center、right、justify のいずれか。
-fx-text-overrun	はみ出したテキストの扱い方。center-ellipsis、center-word-ellipsis、clip、ellipsis、leading-ellipsis、leading-word-ellipsis、word-ellipsis のいずれか。
-fx-wrap-text	テキストラップの有無。true か false。
-fx-font	テキストのフォント。初期値は Font.getDefault()。
-fx-underline	下線の有無。true か false。
-fx-graphic	グラフィックスの URI。
-fx-content-display	表示する状態。top、right、bottom、left、center、right、graphic-only、text-only のいずれか。
-fx-graphic-text-gap	テキストの隙間。デフォルトは 4。
-fx-label-padding	パディングの量。数字 1 個または [0,0,0,0] の形式。
-fx-text-fill	テキストを塗り潰す色。デフォルトは black。
-fx-ellipsis-string	省略したときの文字列。デフォルトは「...」。

クリックされているときの Button の状態は、button:armed という名前の疑似クラス（Pseudo-classes）のオブジェクトのプロパティとして設定できます。また、cancel と default という疑似クラスもサポートします。

各オブジェクトのプロパティと疑似クラス（Pseudo-classes）の詳細な説明「JavaFX CSS Reference Guide」は、下記の URL にあります。
http://docs.oracle.com/javase/8/javafx/api/javafx/scene/doc-files/cssref.html

たとえば、Button（コマンドボタン）の外観を次の図に示すように変えたいとします。

図 17.2 ● CSSLoad

比較のために、標準のラベルとボタンを配置した例を次の図に示します（実際の表示状態の詳細はプラットフォームと設定によって異なります）。

図 17.3 ●標準のラベルとボタンを配置した例

図 17.2 のようなボタンを表示するためには、Button のプロパティを次の表に示すように設定します。

表 17.2 ● Button のプロパティ

プロパティ	値
-fx-background-insets	0 0 0 0
-fx-border-width	2px
-fx-effect	dropshadow(three-pass-box, gray, 1.0, 1.0, 3.0, 3.0)
-fx-translate-x	0
-fx-translate-y	0

また、クリックされているときのButton（button:armed）のプロパティを次の表に示すように設定します。

表17.3 ● Button:armed のプロパティ

プロパティ	値
`-fx-effect`	null
`-fx-translate-x`	3
`-fx-translate-y`	3

これらのプロパティの設定は、CSSのコードでは次のように記述します。

リスト17.2 ● sample.css

```css
.button {
  -fx-background-insets: 0 0 0 0;
  -fx-border-width: 2px;
  -fx-effect: dropshadow(three-pass-box, gray, 1.0, 1.0, 3.0, 3.0);
  -fx-translate-x: 0;
  -fx-translate-y: 0;
}
.button:armed {
  -fx-effect: null;
  -fx-translate-x: 3;
  -fx-translate-y: 3;
}
```

CSSファイルもBOM（Byte Order Mark）なしUTF-8として保存してください。BOM付きで保存すると、CSSファイルのJavaプログラムへのロードの際に例外が発生します。

このCSSファイルをロードしてシーンに適用するJavaのコードは単純です。

```java
String style = getClass().getResource("sample.css").toExternalForm();
Scene scene = new Scene(root);
scene.getStylesheets().add(style);
```

Javaのプログラム全体は次のようになります。

リスト 17.3 ● CSSLoad.java

```java
import javafx.application.Application;
import javafx.geometry.Insets;
import javafx.geometry.Pos;
import javafx.scene.Scene;
import javafx.scene.control.Button;
import javafx.scene.control.Label;
import javafx.scene.layout.VBox;
import javafx.stage.Stage;

public class CSSLoad extends Application {
  @Override
  public void start(Stage stage) throws Exception {
    stage.setTitle("CSSLoad");
    stage.setWidth(240);
      stage.setHeight(120);

    VBox root = new VBox();
    Label lbl = new Label("Hello");
    Button btn = new Button("Click me!");
    btn.setOnAction(event -> lbl.setText("Clicked"));
      root.setAlignment(Pos.CENTER);
      root.setPadding(new Insets(10, 10, 10, 10));
      root.setSpacing(20.0);
    root.getChildren().addAll(lbl, btn);

    String style = getClass().getResource("sample.css").toExternalForm();
    Scene scene = new Scene(root);
    scene.getStylesheets().add(style);
    stage.setScene(scene);
    stage.show();
  }
}
```

インラインCSS

単純なスタイル指定であれば、Javaのコードの中で指定することができます。コードで指定するときには、オブジェクトのsetStyle()の引数でCSSファイルに記述するのと同じようにスタイルを記述します。

次にButtonにスタイルを指定する例を示します。

```java
Button btn = new Button("Click me!");
btn.setStyle("-fx-effect: dropshadow(three-pass-box, gray, 1.0, 1.0, 3.0, 3.0);");
```

実行可能なプログラム全体は次のようになります。

リスト 17.4 ● InlineCSS.java

```java
import javafx.application.Application;
import javafx.geometry.Insets;
import javafx.geometry.Pos;
import javafx.scene.Scene;
import javafx.scene.control.Button;
import javafx.scene.control.Label;
import javafx.scene.layout.VBox;
import javafx.stage.Stage;

public class InlineCSS extends Application {
  @Override
  public void start(Stage stage) throws Exception {
    stage.setTitle("InlineCSS");
    stage.setWidth(240);
      stage.setHeight(120);

    VBox root = new VBox();
    Label lbl = new Label("Hello");
    Button btn = new Button("Click me!");
    btn.setStyle("-fx-effect: dropshadow(three-pass-box, gray, 1.0, 1.0, 3.0, 3.0);");
    btn.setOnAction(event -> lbl.setText("Clicked"));
      root.setAlignment(Pos.CENTER);
      root.setPadding(new Insets(10, 10, 10, 10));
      root.setSpacing(20.0);
    root.getChildren().addAll(lbl, btn);

    Scene scene = new Scene(root);
```

```
      stage.setScene(scene);
      stage.show();
   }
}
```

実行結果は次の図のようになります。

図17.4 ● InlineCSS

FXML ファイルの CSS

FXMLファイルの中にCSSでスタイルを指定することもできます。スタイルはHTMLで指定するときと同じ方法で指定します。

```
<Button text="Click Me!" style="-fx-text-fill:gray" prefWidth="80.0"  />
```

JavaFXのオブジェクトのプロパティ名は、-fxで始まるFXMLの名前（-fx-text-fill）である点に注意してください。

CSSを使ったFXMLファイルの例を次に示します。

リスト 17.5 ● CSSFXML.fxml

```
<?xml version="1.0" encoding="UTF-8"?>
<?import javafx.scene.control.*?>
<?import javafx.scene.layout.*?>

<AnchorPane xmlns:fx="http://javafx.com/fxml" prefWidth="220.0" prefHeight="80.0">
 <children>
   <VBox spacing="5">
     <children>
       <HBox>
        <children>
          <Button text="Click Me!" style="-fx-text-fill:gray" prefWidth="80.0" />
        </children>
       </HBox>
     </children>
   </VBox>
 </children>
</AnchorPane>
```

FXMLファイルはBOM（Byte Order Mark）なしUTF-8として保存してください。BOM付きで保存すると、FXMLファイルのJavaプログラムへのロードの際に例外が発生します。

対応するJavaのコードは次のようになります。

リスト 17.6 ● CSSFXML.java

```java
import javafx.application.Application;
import javafx.fxml.FXML;
import javafx.fxml.FXMLLoader;
import javafx.geometry.Insets;
import javafx.geometry.Pos;
import javafx.scene.Scene;
import javafx.scene.control.Button;
import javafx.scene.layout.VBox;
import javafx.scene.layout.AnchorPane;
import javafx.stage.Stage;

public class CSSFXML extends Application {
  @Override
  public void start(Stage stage) throws Exception {
    stage.setTitle("CSSFXML");
    stage.setWidth(240);
    stage.setHeight(120);

    FXMLLoader fxml = new FXMLLoader(getClass().getResource("CSSFXML.fxml"));
    AnchorPane root = fxml.load();
    Scene scene = new Scene(root);
    stage.setScene(scene);
    stage.show();
  }
}
```

このサンプルは外観を提供するだけで、機能はありません。機能を実装したいときには CSSLoad.java を参照してください。

図 17.5 ● CSSFXML

Topic 18 アニメーション

　一般社会ではアニメーション（animation）は、動画の漫画のことを指すことがありますが、技術的にはアニメーションとは、異なる静止画を連続して表示することで、静止画を使って動きを作る技術のことです。アニメーションを構成する静止画をフレームと言います。
　Java では、アニメーションにトランジションとタイムラインという 2 種類の方法を使うことができます。

トランジション

　トランジション（Transition）は、アニメーションの開始と終了の状態を与えて、途中の状態をコンピュータに自動的に補完させてアニメーションを実現する方法です。

> **Note** Transition は、移り変わり、移行、変遷、変化、などの意味を持ちます。

　ここでは、「Hello, Happy Java FX!!」という文字を少しずつ表示する単純なアニメーションの例を示します。最初の状態は何も表示されていない状態、アニメーション終了時の状態は「Hello, Happy Java FX!!」という文字列全体が表示されている状態です。

図 18.1 ● TransText の実行例

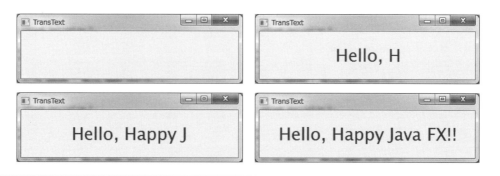

ラベルを表示するところまでは、単純な JavaFX アプリケーションそのものです。

```
public void start(Stage stage) throws Exception {
  stage.setTitle("TransText");
  stage.setWidth(400);
  stage.setHeight(120);
  final Label label = new Label("");
  label.setFont(new Font(30));
  label.setAlignment(Pos.CENTER);
  stage.setScene(new Scene(label));
  stage.show();
```

ただし、この段階ではラベルには何も表示しません（Label label = new Label("");）。

その代わりに、アニメーションで表示する文字列を変数（定数）として定義しておきます。

```
final String content = "Hello, Happy Java FX!!";
```

次に Transition オブジェクトを作成しますが、Transition クラス自体は抽象クラスなので、Transition クラスを継承している定義済みのクラス（後述）を使うか、あるいは、Transition クラスを継承するクラスを定義する必要があります。

ここでは、独自のクラス MyAnimation を定義してみましょう。

```
class MyAnimation extends Transition {

}
```

クラスの初期化コードでは、javafx.animation.Animation.setCycleDuration() を呼び出してアニメーションの 1 サイクルの時間を設定します。

```
setCycleDuration(Duration.millis(3000));
```

javafx.util.Duration は、時間の長さを定義するクラスです。
次に、Transition の抽象メソッド interpolate(double frac) を実装します。

```
protected void interpolate(double frac) {

}
```

このトランジションが実行されている間の各フレームのたびにこのメソッドが呼び出されます。引数の frac はアニメーションの現在の位置を示し、アニメーションがスタートしたときは 0.0、アニメーションが終了したときには 1.0 になります。
このメソッドの中に、テキストをラベルに少しずつ表示するためのコードを記述します。

```
protected void interpolate(double frac) {
  final int length = content.length();
  final int n = Math.round(length * (float) frac);
  label.setText(content.substring(0, n));
}
```

クラス全体は次のようになります。

```
class MyAnimation extends Transition {
  {
    setCycleDuration(Duration.millis(3000));
  }

  protected void interpolate(double frac) {
    final int length = content.length();
    final int n = Math.round(length * (float) frac);
    label.setText(content.substring(0, n));
  }
}
```

このクラスをそのまま使って、次のようにインスタンスを作ることができます。

```
final MyAnimation animation = new MyAnimation();
```

しかし、短いので、次のように無名クラスにしても構いません。

```
final Animation animation = new Transition() {
  {
    setCycleDuration(Duration.millis(3000));
  }

  protected void interpolate(double frac) {
    final int length = content.length();
    final int n = Math.round(length * (float) frac);
    label.setText(content.substring(0, n));
  }
};
```

そして、「animation.play();」を実行すると、アニメーションが始まります。

```
animation.play();
```

プログラム全体は次のようになります。

リスト 18.1 ● TransText.java

```
import javafx.animation.Animation;
import javafx.animation.Transition;
import javafx.application.Application;
import javafx.geometry.Pos;
import javafx.scene.Scene;
import javafx.scene.control.Label;
import javafx.scene.text.Font;
import javafx.stage.Stage;
import javafx.util.Duration;

public class TransText extends Application {

  @Override
  public void start(Stage stage) throws Exception {
    stage.setTitle("TransText");
    stage.setWidth(400);
    stage.setHeight(120);
```

```
        final String content = "Hello, Happy Java FX!!";
        final Label label = new  Label("");
        label.setFont(new Font(30));
        label.setAlignment(Pos.CENTER);
        stage.setScene(new Scene(label));
        stage.show();

        final Animation animation = new Transition() {
          {
            setCycleDuration(Duration.millis(3000));
          }

          @Override
          protected void interpolate(double frac) {
            final int length = content.length();
            final int n = Math.round(length * (float) frac);
            label.setText(content.substring(0, n));
          }
        };
        animation.play();
    }
}
```

　Transitionクラスを継承している`javafx.animation`の定義済みのクラスを次の表に示します。

表 18.1 ● Transition クラスを継承するクラス

クラス	解説
Animation	JavaFX のアニメーションを実現するためのコアとなる抽象クラス。
FadeTransition	透明度を変化させてフェード効果を出すクラス。
FillTransition	シェイプの塗りつぶし（描画）色を変化させるクラス。
ParallelTransition	一連のアニメーションを並列して実行するためのクラス。
PathTransition	パス（path、経路）に従って描くアニメーションのクラス。
PauseTransition	`PauseTransition.duration`の最後で`Animation.onFinished`を実行してアニメーションを停止するためのクラス。
RotateTransition	回転するアニメーションのクラス。
ScaleTransition	サイズを変更するアニメーションのクラス。
SequentialTransition	一連のアニメーションを順に実行するためのクラス。

Topic 18 アニメーション

クラス	解説
StrokeTransition	シェイプの境界色を変更するアニメーションのクラス。
TranslateTransition	位置を移動させるアニメーションのクラス。

たとえば、RotateTransition クラスを使えば図形やイメージなどを回転させることができます。

```
// 回転するアニメーションとして表示する（rectは図形）
RotateTransition rt = new RotateTransition(Duration.millis(3000), rect);

rt.setByAngle(180);        // 回転角度は180度
rt.setCycleCount(10);      // 繰り返し回数は10回
rt.setAutoReverse(true);   // 自動的に反転させる

rt.play();    // アニメーションを実行する
```

次の例は、RotateTransition クラスを使って角の丸い長方形を回転させるプログラムの例です。

リスト 18.2 ● RotateAnime.java

```java
import javafx.animation.RotateTransition;
import javafx.application.Application;
import javafx.scene.Group;
import javafx.scene.Scene;
import javafx.scene.paint.Color;
import javafx.scene.shape.Rectangle;
import javafx.stage.Stage;
import javafx.util.Duration;


public class RotateAnime extends Application {

  @Override
  public void start(Stage stage) throws Exception {
    stage.setTitle("RorateAnime");
    stage.setWidth(300);
    stage.setHeight(220);

    // 矩形を作る
```

```
        Rectangle  rect = new Rectangle (10, 10, 40, 120);
        rect.setArcHeight(30);
        rect.setArcWidth(30);
        rect.setFill(Color.BLUE);
        rect.setLayoutX(80);
        rect.setLayoutY(25);
        Group root = new Group();
        root.getChildren().add(rect);
        stage.setScene(new Scene(root));
        stage.show();

        // 回転するアニメーションとして表示する
        RotateTransition rt = new RotateTransition(Duration.millis(3000), rect);
        rt.setByAngle(180);         // 回転角度は180度
        rt.setCycleCount(10);       // 繰り返し回数は10回
        rt.setAutoReverse(true);    // 自動的に反転させる

        rt.play();    // アニメーションを実行する
    }
}
```

図 18.2 ● RotateAnime

ScaleTransition の例は、この Topic の「トランザクションとタイムラインの併用」で示します。

タイムライン

タイムライン（Timeline）は時間軸に沿って、アニメーションの各時間の状態を与えてアニメーションを実現する方法です。

Timeline クラスの主なメソッドを次の表に示します。

表 18.2 ● Timeline クラスの主なメソッド

メソッド	解説
Timeline()	コンストラクタ。
getKeyFrames()	このタイムラインの KeyFrames を返す。
stop()	アニメーションを停止し、位置を先頭にリセットする。
autoReverseProperty()	このアニメーションが交互のサイクルで方向を反転するかどうかを指定する。
currentRateProperty()	アニメーションがプレイされるときの現在の方向／速度を表示する値を取得する。
currentTimeProperty()	アニメーションのプレイの先頭位置を示す。
cycleCountProperty()	このアニメーションのサイクル数を表す。
cycleDurationProperty()	このアニメーションの 1 サイクルの時間を示す値を返す。
delayProperty()	アニメーションの開始を遅延する時間を返す。
getCuePoints()	アニメーションの重要な位置を示すキュー位置を取得する。
getCurrentRate()	currentRate プロパティの値を取得する。
getCurrentTime()	currentTime プロパティの値を取得する。
getCycleCount()	cycleCount プロパティの値を取得する。
getCycleDuration()	cycleDuration プロパティの値を取得する。
getDelay()	delay プロパティの値を取得する。
getOnFinished()	onFinished プロパティの値を取得する。
getRate()	rate プロパティの値を取得する。
getStatus()	status プロパティの値を取得する。
getTargetFramerate()	このアニメーションが実行中の最大のフレームレート（フレーム数 / 秒）を取得する。
getTotalDuration()	totalDuration プロパティの値を取得する。
isAutoReverse()	autoReverse プロパティの値を取得する。
jumpTo()	このアニメーションの指定した位置にジャンプする。
onFinishedProperty()	このアニメーションの終結部のアクションを実行する。
pause()	アニメーションを一時停止する。
play()	現在の位置からアニメーションを実行する。

メソッド	解説
playFrom()	指定した位置からアニメーションを実行する。
playFromStart()	正の方向の初期位置からアニメーションを実行する。
rateProperty()	アニメーションがプレイされると期待される方向／速度を取得する。
setAutoReverse()	自動的にリバースするかどうかを設定する。
setCycleCount()	cycleCount プロパティの値を設定する。
setCycleDuration()	cycleDuration プロパティの値を設定する。
setDelay()	delay プロパティの値を設定する。
setOnFinished()	onFinished プロパティの値（イベントハンドラ）を設定する。
setRate()	rate プロパティの値を設定する。
setStatus()	status プロパティの値を設定する。
statusProperty()	このアニメーションの status プロパティの値を返す。
totalDurationProperty()	このアニメーションの繰り返しを含んだ総時間を示すプロパティ値を返す。

　デジタル時計のような、刻々と表示が変わるアプリケーションを作成するために、従来は Java.util.Timer と Java.util.TimerTask を使うか、あるいはスレッドを明示的に起動してそのスレッドで表示することを繰り返すのが普通でした。

　JavaFX では、javafx.animation.Timeline を使ってアニメーションとして同じことを容易に実現できます。

　最もシンプルな使い方は、コンストラクタで KeyFrame を指定してオブジェクトを作成し、setCycleCount() で実行するサイクル数を指定して、play() メソッドを実行する方法です。

```
Timeline timer = new Timeline(new KeyFrame(Duration.millis(1000), …);
timer.setCycleCount(Timeline.INDEFINITE);
timer.play();
```

　この例では、実行するサイクル数には Timeline.INDEFINITE（stop() が実行されるまで無制限）を指定しています。

　また、イベントハンドラで現在時刻を取得してラベルに表示します。

```
new EventHandler<ActionEvent>(){
@Override
public void handle(ActionEvent event) {
    // 現在時刻を取得してラベルに表示する
```

```
      LocalTime now = LocalTime.now();
      String txt = String.format("%02d:%02d:%02d",
        now.getHour(), now.getMinute(), now.getSecond());
      label.setText(txt);
    }
```

プログラム全体は次のようになります。

リスト 18.3 ● AnimeClock.java

```java
import java.time.LocalTime;

import javafx.animation.KeyFrame;
import javafx.animation.Timeline;
import javafx.application.Application;
import javafx.event.ActionEvent;
import javafx.event.EventHandler;
import javafx.geometry.Pos;
import javafx.scene.Scene;
import javafx.scene.control.Label;
import javafx.scene.text.Font;
import javafx.stage.Stage;
import javafx.util.Duration;

public class AnimeClock extends Application {

  @Override
  public void start(Stage stage) throws Exception {
    final Label label = new Label("00:00:00");

    Timeline timer = new Timeline(
      new KeyFrame(Duration.millis(1000),
      new EventHandler<ActionEvent>(){
        @Override
        public void handle(ActionEvent event) {
          // 現在時刻を取得してラベルに表示する
          LocalTime now = LocalTime.now();
          String txt = String.format("%02d:%02d:%02d",
              now.getHour(), now.getMinute(), now.getSecond());
          label.setText(txt);
        }
    }));
    label.prefWidth(200);
```

```
      label.setAlignment(Pos.CENTER);
      label.setFont(new Font(30));
      timer.setCycleCount(Timeline.INDEFINITE);
      timer.play();
      stage.setTitle("AnimeClock");
      stage.setScene(new Scene(label, 200, 60));
      stage.show();
   }
   public static void main(String... args) {
      launch(args);
   }
   public void stop() {
      System.exit(0);
   }
}
```

図 18.3 ● AnimeClock の実行例

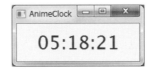

トランジションとタイムラインの併用

トランジションとタイムラインを併用して、より複雑なアニメーションを実現することができます。

たとえば、まずイメージが回転して、さらに回転しながら拡大縮小するアニメーションを表示するものとします。

回転するアニメーションの実現方法はすでに説明した通りです。

```
// 回転するアニメーションとして表示する
RotateTransition rt = new RotateTransition(Duration.millis(3000), iv);
rt.setByAngle(180);        // 回転角度は180度
rt.setCycleCount(Animation.INDEFINITE);     // 繰り返し回数は無限
rt.setAutoReverse(true);   // 自動的に反転させる
```

拡大縮小するアニメーションには、ScaleTransitionクラスを使います。

```
// 拡大縮小するアニメーションとして表示する
ScaleTransition st = new ScaleTransition(Duration.millis(3000), iv);
st.setFromX(1);    // 最初は1倍
st.setFromY(1);
st.setToX(1.6);    // 最後は1.6倍
st.setToY(1.6);;
st.setCycleCount(Animation.INDEFINITE);     // 繰り返し回数は無限
st.setAutoReverse(true);   // 自動的に反転させる
```

このようにして作成したアニメーションを、タイムライン上で時間差を付けてスタートさせます。

```
Timeline timeline = new Timeline(
  new KeyFrame(              // 回転するアニメーションのフレーム
      new Duration(500),
      new EventHandler<ActionEvent>() {
          @Override
          public void handle(ActionEvent event) {
              root.getChildren().add(iv);
              rt.play();
          }
      }
  ),
  new KeyFrame(              // 拡大縮小するアニメーションのフレーム
```

```
            new Duration(4000),
            new EventHandler<ActionEvent>() {
                @Override
                public void handle(ActionEvent event) {
                    st.play();
                }
            }
        )
    );
```

最後にタイムラインを実行します。

```
timeline.play();        // アニメーションを実行する
```

プログラム全体は次のようになります。

リスト 18.4 ● ComplexAnime.java

```java
import javafx.animation.Animation;
import javafx.animation.KeyFrame;
import javafx.animation.RotateTransition;
import javafx.animation.ScaleTransition;
import javafx.animation.Timeline;
import javafx.application.Application;
import javafx.event.ActionEvent;
import javafx.event.EventHandler;
import javafx.scene.Group;
import javafx.scene.Scene;
import javafx.scene.image.Image;
import javafx.scene.image.ImageView;
import javafx.stage.Stage;
import javafx.util.Duration;

public class ComplexAnime extends Application {

  @Override
  public void start(Stage stage) throws Exception {
    stage.setTitle("ComplexAnime");
    stage.setWidth(400);
    stage.setHeight(380);

    Image img = new Image(getClass().getResource("duke.png").toExternalForm());
```

```
ImageView iv = new ImageView(img);
iv.setLayoutX(120);
iv.setLayoutY(50);
Group root = new Group();
stage.setScene(new Scene(root));
stage.show();

// 回転するアニメーションとして表示する
RotateTransition rt = new RotateTransition(Duration.millis(3000), iv);
rt.setByAngle(180);        // 回転角度は180度
rt.setCycleCount(Animation.INDEFINITE);     // 繰り返し回数は無限
rt.setAutoReverse(true);   // 自動的に反転させる

// 拡大縮小するアニメーションとして表示する
ScaleTransition st = new ScaleTransition(Duration.millis(3000), iv);
st.setFromX(1);
st.setFromY(1);
st.setToX(1.6);
st.setToY(1.6);;
st.setCycleCount(Animation.INDEFINITE);     // 繰り返し回数は無限
st.setAutoReverse(true);   // 自動的に反転させる

Timeline timeline = new Timeline(
  new KeyFrame(
      new Duration(500),
      new EventHandler<ActionEvent>() {
          @Override
          public void handle(ActionEvent event) {
              root.getChildren().add(iv);
              rt.play();
          }
      }
  ),
  new KeyFrame(
      new Duration(4000),
      new EventHandler<ActionEvent>() {
          @Override
          public void handle(ActionEvent event) {
              st.play();
          }
      }
  )
);
timeline.play();     // アニメーションを実行する
```

```
    }
}
```

このプログラムの実行時の状態を次の図に示します。

図 18.4 ● ComplexAnime

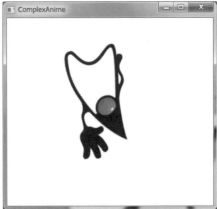
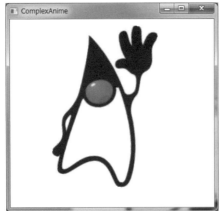
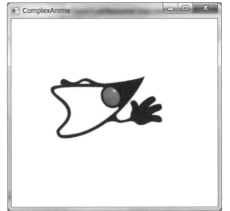

Topic 19 ビデオとサウンド

javafx.scene.media に新しく強力なメディア操作のクラスが導入されました。また、Java の最初のバージョンで導入された Beep() は、手軽に音を鳴らすために今でも効果的に使うことができます。

ビデオ

javafx.scene.media パッケージにあるクラス使ってビデオを再生することができます。

使用するクラスは次の表に示すクラスです。

表 19.1 ●ビデオ再生に使うクラス

クラス	解説
MediaPlayer	ビデオやオーディオを再生する。
MediaView	再生するビデオを表示する。
Media	再生する場所を指定する。

ローカルファイルのビデオを再生する場合は、たとえば次のようにして再生するファイルを指定します。

```
Path path = Paths.get("sample.mp4");
String movieUri = path.toUri().toString();
Media media = new Media(movieUri);
```

そして、MediaPlayer クラスを作成して MediaView クラスに表示するようにします。

```
MediaPlayer player = new MediaPlayer(media);
MediaView view = new MediaView();
view.setMediaPlayer(player);
```

そして、`MediaPlayer.play()` で再生します。

```
player.play();
```

なお、「`player.setAutoPlay(true);`」を指定すれば、`player.play()` を実行しなくても、準備ができたら再生が開始します。

プログラム全体は次のようになります。

リスト 19.1 ● PlayVideo.java

```java
import java.nio.file.Path;
import java.nio.file.Paths;

import javafx.application.Application;
import javafx.scene.Group;
import javafx.scene.Scene;
import javafx.scene.media.Media;
import javafx.scene.media.MediaPlayer;
import javafx.scene.media.MediaView;
import javafx.stage.Stage;

public class PlayVideo extends Application {

  @Override
  public void start(Stage stage) {
    stage.setTitle("PlayVideo ");
    stage.setWidth(480);
    stage.setHeight(340);

    Path path = Paths.get("sample.mp4");
    String movieUri = path.toUri().toString();
    Media media = new Media(movieUri);
    MediaPlayer player = new MediaPlayer(media);
    //  player.setAutoPlay(true); // 自動再生のとき
    MediaView view = new MediaView();
    view.setMediaPlayer(player);
    view.setOnError(e -> System.out.println(e));

    Group root = new Group();
    Scene scene = new Scene(root);
    root.getChildren().add(view);
    stage.setScene(scene);
```

```
        stage.show();

        player.setVolume(0.3);
        player.play();
    }
}
```

図 19.1 ● PlayVideo

サウンド

ビデオを再生するために使ったのと同じ `MediaPlayer` クラスを使ってオーディオを再生することができます。

```
Path path = Paths.get("sample.mp3");
String movieURL = path.toUri().toString();
Media media = new Media(movieURL);
MediaPlayer player = new MediaPlayer(media);
player.play();
```

次の例はサウンドを再生する GUI アプリケーションの例です。

リスト 19.2 ● SoundPlay.java

```java
import java.nio.file.Path;
import java.nio.file.Paths;

import javafx.application.Application;
import javafx.geometry.Insets;
import javafx.geometry.Pos;
import javafx.scene.Scene;
import javafx.scene.control.Button;
import javafx.scene.layout.HBox;
import javafx.scene.media.Media;
import javafx.scene.media.MediaPlayer;
import javafx.stage.Stage;

public class SoundPlay extends Application {

  @Override
  public void start(Stage stage) {
    stage.setTitle("SoundPlay");
    stage.setWidth(300);
    stage.setHeight(80);

    Path path = Paths.get("sample.mp3");
    String soundURL = path.toUri().toString();
    Media media = new Media(soundURL);
    MediaPlayer player = new MediaPlayer(media);
    player.setVolume(0.3);
```

```
        Button btnPlay = new Button("Play");
        btnPlay.setPrefWidth(80);
        btnPlay.setOnAction(event -> player.play());
        Button btnStop = new Button("Stop");
        btnStop.setPrefWidth(80);
        btnStop.setOnAction(event -> player.stop());

        HBox root = new HBox();
        root.setAlignment(Pos.CENTER);
        root.setPadding(new Insets(10, 10, 10, 10));
        root.setSpacing(20.0);
        Scene scene = new Scene(root);
        root.getChildren().addAll(btnPlay, btnStop);
        stage.setScene(scene);
        stage.show();
    }
}
```

図 19.2 ● SoundPlay

　MediaPlayer クラスのさまざまなメソッドを使って、再生を制御することができます。たとえば、再生を一時停止したいときには `MediaPlayer.pause()` を実行します。MediaPlayer クラスの主なメソッドを次の表に示します。

表 19.2 ● MediaPlayer クラスの主なメソッド

メソッド	解説
`audioSpectrumIntervalProperty()`	スペクトラム更新の間隔（デフォルトで 0.1 秒）を返す。
`audioSpectrumListenerProperty()`	オーディオスペクトラム更新のリスナーを返す。
`audioSpectrumNumBandsProperty()`	オーディオスペクトラムの中のバンド数を返す。
`audioSpectrumThresholdProperty()`	デシベル単位で感度のスレッショルドを返す（負の値）。
`autoPlayProperty()`	可能な限り再生を開始する場合は `true` を返す。
`balanceProperty()`	オーディオ出力のバランス（左右の設定）を返す。
`bufferProgressTimeProperty()`	MediaPlayer を停滞なく再生できる長さを返す。

メソッド	解説
currentCountProperty()	再生を完了したサイクル数を返す。
currentRateProperty()	設定にかかわらず現在の再生レートを返す。
currentTimeProperty()	メディアの現在の再生時間を返す。
cycleCountProperty()	メディアが再生される回数を返す。
cycleDurationProperty()	プレーヤーの startTime から stopTime までの時間を返す。
dispose()	プレーヤーに関連付けられたすべてのリソースを解放する。
errorProperty()	エラーが発生したとき MediaException に設定される監視プロパティを返す。
getAudioEqualizer()	このプレーヤーに関連付けられた AudioEqualizer を取得する。
getAudioSpectrumInterval()	オーディオスペクトラムの通知間隔（秒）を取得する。
getAudioSpectrumListener()	オーディオスペクトラムのリスナーを取得する。
getAudioSpectrumNumBands()	オーディオスペクトラムの中のバンド数を取得する。
getAudioSpectrumThreshold()	オーディオスペクトラムシュレッショルドをデシベル単位で取得する。
getBalance()	オーディオバランスの値を取得する。
getBufferProgressTime()	bufferProgressTime の値を取得する。
getCurrentCount()	現在のサイクルのインデックスを取得する。
getCurrentRate()	現在の再生レートを取得する。
getCurrentTime()	現在のメディアの時間を取得する。
getCycleCount()	サイクルカウントを取得する。
getCycleDuration()	サイクル時間を秒単位で取得する。
getError()	error プロパティの値を取得する（エラーがない場合は null）。
getMedia()	再生する Media インスタンスを取得する。
getOnEndOfMedia()	メディア終了イベントハンドラを取得する。
getOnError()	エラーイベントハンドラを取得する。
getOnHalted()	MediaPlayer.Status.HALTED イベントハンドラを取得する。
getOnMarker()	マーカーイベントハンドラを取得する。
getOnPaused()	MediaPlayer.Status.PAUSED イベントハンドラを取得する。
getOnPlaying()	MediaPlayer.Status.PLAYING イベントハンドラを取得する。
getOnReady()	MediaPlayer.Status.READY イベントハンドラを取得する。
getOnRepeat()	リピートイベントハンドラを取得する。

メソッド	解説
getOnStalled()	MediaPlayer.Status.STALLED イベントハンドラを取得する。
getOnStopped()	MediaPlayer.Status.STOPPED イベントハンドラを取得する。
getRate()	再生レートを取得する。
getStartTime()	スタート時間を取得する。
getStatus()	現在のステータス（MediaPlayer.Status）を取得する。
getStopTime()	ストップ時間を取得する。
getTotalDuration()	すべてのサイクル（繰り返し）を含むトータルの再生時間を取得する。
getVolume()	オーディオ再生ボリュームを取得する。
isAutoPlay()	autoPlay プロパティの値が true なら true を返す。
isMute()	muteProperty プロパティの値が true なら true を返す。
muteProperty()	プレーヤーのオーディオがミュートされていれば true を返す。
onEndOfMediaProperty()	currentTime が stopTime に達したときに実行されるイベントハンドラを返す。
onErrorProperty()	エラーが発生したときに実行されるイベントハンドラを返す。
onHaltedProperty()	ステータスが HALTED に変わったときに実行されるイベントハンドラを返す。
onMarkerProperty()	currentTime がマーカーに達したときに実行されるイベントハンドラを返す。
onPausedProperty()	ステータスが PAUSED に変わったときに実行されるイベントハンドラを返す。
onPlayingProperty()	ステータスが PLAYING に変わったときに実行されるイベントハンドラを返す。
onReadyProperty()	ステータスが READY に変わったときに実行されるイベントハンドラを返す。
onRepeatProperty()	プレーヤーの currentTime が stopTime に達して、繰り返し再生するときに実行されるイベントハンドラを返す。
onStalledProperty()	ステータスが STALLED に変わったときに実行されるイベントハンドラを返す。
onStoppedProperty()	ステータスが STOPPED に変わったときに実行されるイベントハンドラを返す。
pause()	プレーヤーを一時停止（ポーズ）する。
play()	メディアの再生を開始する。
rateProperty()	メディアを再生すべきレートを返す。
seek()	新しい再生位置を引数の Duration で指定した位置にする。

メソッド	解説
setAudioSpectrumInterval()	オーディオスペクトラム通知間隔を秒単位で設定する。
setAudioSpectrumListener()	オーディオスペクトラムリスナーを設定する。
setAudioSpectrumNumBands()	オーディオスペクトラムのバンド数を設定する。
setAudioSpectrumThreshold()	オーディオスペクトラムのスレッショルドをデシベル単位で設定する。
setAutoPlay()	autoPlay プロパティの値を設定する。true にすれば自動再生になる。
setBalance()	オーディオのバランスを設定する。
setCycleCount()	繰り返し数を設定する。
setMute()	muteProperty() の値を設定する。true ならミュートする。
setOnEndOfMedia()	メディアの終了イベントハンドラを設定する。
setOnError()	エラーが発生したときに実行されるイベントハンドラを設定する。
setOnHalted()	MediaPlayer.Status.HALTED イベントハンドラを設定する。
setOnMarker()	マーカーイベントハンドラを設定する。
setOnPaused()	MediaPlayer.Status.PAUSED イベントハンドラを設定する。
setOnPlaying()	MediaPlayer.Status.PLAYING イベントハンドラを設定する。
setOnReady()	MediaPlayer.Status.READY イベントハンドラを設定する。
setOnRepeat()	リピートイベントハンドラを設定する。
setOnStalled()	MediaPlayer.Status.STALLED イベントハンドラを設定する。
setOnStopped()	MediaPlayer.Status.STOPPED イベントハンドラを設定する。
setRate()	再生レートを指定された値に設定する。
setStartTime()	スタート時間を設定する。
setStopTime()	停止時間を設定する。
setVolume()	オーディオ再生ボリュームを設定する。
startTimeProperty()	再生開始(繰り返し再生の場合は再スタート)の時間を返す。
statusProperty()	この MediaPlayer の現在の状態を返す。
stop()	メディアの再生を停止する。
stopTimeProperty()	再生停止(繰り返し再生の場合は再スタート)のオフセット時間を返す。
totalDurationProperty()	最後まで再生された場合の総再生時間を返す。
volumeProperty()	メディアが再生されるべきボリュームを返す。

オーディオクリップ

単に既存のオーディオファイルを再生するなら、MediaPlayer よりも単純な javafx.scene.media.AudioClip を使うこともできます。

AudioClip では複数のサウンドを同時に再生してサウンドを重ねることができます。ただし、AudioClip にはポーズ（一時停止）などの機能はないので、特にバックグラウンドでサウンドを再生するような単純なサウンド再生に適しています。

AudioClip の主なメソッドを次の表に示します。

表 19.3 ● AudioClip の主なメソッド

メソッド	解説
getBalance()	このクリップに対するバランスを取得する。
getCycleCount()	繰り返し回数を取得する。
getPan()	デフォルトのパンの値を取得する。
getPriority()	再生のプリオリティを取得する。
getRate()	再生レートを取得する。
getSource()	この AudioClip を作った使ったソース URL を取得する。
getVolume()	ボリュームレベルを取得する。
isPlaying()	この AudioClip が再生中なら true を返す。
play()	この AudioClip を再生する。
setBalance()	バランスレベルを設定する。
setCycleCount()	繰り返し回数を設定する。
setPan()	パンの値を設定する。
setPriority()	プライオリティを設定する。
setRate()	再生レートを設定する。
setVolume()	ボリュームレベルを設定する。
stop()	この AudioClip の再生を完全に停止する。

単にオーディオクリップを再生するコードはとても単純で、再生するファイル名を文字列の URL にしておいて、AudioClip オブジェクトを作成し、play() メソッドを呼び出すだけです。

```
Path path1 = Paths.get("sample.mp3");
String soundURL1 = path1.toUri().toString();
AudioClip clip1 = new AudioClip(soundURL1);
```

```
clip1.play()
```

再生を停止する場合には、`stop()` を呼び出します。

```
clip1.stop()
```

次の例は `AudioClip` を使ってサウンドを再生する GUI アプリケーションの例です。

リスト 19.3 ● PlayClips.java

```java
import java.nio.file.Path;
import java.nio.file.Paths;

import javafx.application.Application;
import javafx.geometry.Insets;
import javafx.geometry.Pos;
import javafx.scene.Scene;
import javafx.scene.control.Button;
import javafx.scene.layout.HBox;
import javafx.scene.layout.VBox;
import javafx.scene.media.AudioClip;
import javafx.stage.Stage;

public class PlayClips extends Application {

  @Override
  public void start(Stage stage) {
    stage.setTitle("PlayClips");
    stage.setWidth(300);
    stage.setHeight(120);

    Path path1 = Paths.get("sample.mp3");
    String soundURL1 = path1.toUri().toString();
    AudioClip clip1 = new AudioClip(soundURL1);
    Path path2 = Paths.get("sample2.mp3");
    String soundURL2 = path2.toUri().toString();
    AudioClip clip2 = new AudioClip(soundURL2);

    Button btnPlay1 = new Button("Play1");
    btnPlay1.setPrefWidth(80);
    btnPlay1.setOnAction(event -> clip1.play());
    Button btnStop1 = new Button("Stop1");
```

```
        btnStop1.setPrefWidth(80);
        btnStop1.setOnAction(event -> clip1.stop());

        Button btnPlay2 = new Button("Play2");
        btnPlay2.setPrefWidth(80);
        btnPlay2.setOnAction(event -> clip2.play());
        Button btnStop2 = new Button("Stop2");
        btnStop2.setPrefWidth(80);
        btnStop2.setOnAction(event -> clip2.stop());

        VBox root = new VBox();
        HBox hbox1 = new HBox();
        hbox1.setAlignment(Pos.CENTER);
        hbox1.setPadding(new Insets(10, 10, 10, 10));
        hbox1.setSpacing(20.0);
        hbox1.getChildren().addAll(btnPlay1, btnStop1);
        HBox hbox2 = new HBox();
        hbox2.setAlignment(Pos.CENTER);
        hbox2.setPadding(new Insets(10, 10, 10, 10));
        hbox2.setSpacing(20.0);
        hbox2.getChildren().addAll(btnPlay2, btnStop2);
        Scene scene = new Scene(root);
        root.getChildren().addAll(hbox1, hbox2);
        stage.setScene(scene);
        stage.show();
    }
}
```

PlayClipsを実行中の状態を次の図に示します。

図 19.3 ● PlayClips

beep( )

昔から使われていて、現在も効果的に手軽に使うことができる音を鳴らす方法は、beep() を使う方法です。

```
java.awt.Toolkit.getDefaultToolkit().beep();
```

この 1 行を入れておけば、そのコードが実行されたことが音でわかります。たとえば、マルチスレッドのプログラムで、このコードを入れておけば、バックグラウンドでスレッドが実行されているかどうか、あるいは何回実行されたか、チェックすることができます。

印刷

JavaFX での印刷は、`javafx.print.PrinterJob` クラスを使って容易に実現できます。

javafx.print パッケージ

javafx.print パッケージは JavaFX 8 で新たに導入されたパッケージです（JavaFX 2.2 以前にはありません）。

 従来の `java.awt.print` パッケージも依然として使えますが、`javafx.print` と `java.awt.print` はまったく異なるものなので混同しないでください。

javafx.print パッケージには、JavaFX 印刷 API の `public` なクラスが提供されています。次の表に示すクラスがあります。

表 20.1 ● javafx.print のクラス

クラス	解説
`JobSettings`	印刷ジョブの設定をカプセル化したクラス。
`PageLayout`	内容をレイアウトするのに必要な情報をカプセル化したクラス。
`PageRange`	印刷するページの範囲を指定するために使うクラス。
`Paper`	プリンタが使う印刷用紙のサイズをカプセル化したクラス。
`PaperSource`	印刷に使うペーパートレイを表すクラス。
`Printer`	印刷ジョブの出力対象となるプリンタインスタンスを表すクラス。
`PrinterAttributes`	プリンタの属性を表すクラス。
`PrinterJob`	JavaFX のシーングラフを印刷するジョブを表すクラス。
`PrintResolution`	デバイスがサポートする解像度（DPI）を表すクラス。

PrinterJob

javafx.print.PrinterJob クラスを使って印刷する方法はとても単純です。

まず、PrinterJob.createPrinterJob() で印刷ジョブを作成し、PrinterJob.printPage() の引数に印刷したい JavaFX のノードを指定して実行すると、そのノード全体が印刷されます。

```
PrinterJob job = PrinterJob.createPrinterJob();
job.printPage(node);
```

メソッドとして記述するなら、たとえば次のようにします。

```
void printCanvas(Canvas canvas) {
  Node node = canvas;
  PrinterJob job = PrinterJob.createPrinterJob();
  if (job != null) {
    boolean success = job.printPage(node);
    if (success) {
       job.endJob();
    }
  }
}
```

キャンバスに描いたグラフィックスをメニューから印刷できるようにした、実行可能なプログラム全体は次のようになります。

リスト 20.1 ● PrintGraphics.java

```
import javafx.application.Application;
import javafx.event.ActionEvent;
import javafx.event.EventHandler;
import javafx.print.PrinterJob;
import javafx.scene.Node;
import javafx.scene.Scene;
import javafx.scene.canvas.Canvas;
import javafx.scene.canvas.GraphicsContext;
import javafx.scene.control.Menu;
import javafx.scene.control.MenuBar;
import javafx.scene.control.MenuItem;
import javafx.scene.layout.VBox;
```

```java
import javafx.scene.paint.Color;
import javafx.stage.Stage;

public class PrintGraphics extends Application {

  @Override
  public void start(Stage stage) throws Exception {
    stage.setTitle("PrintGraphics");
    stage.setWidth(280);
    stage.setHeight(230);

    final Canvas canvas = new Canvas(250,250);

    MenuBar menuBar = new MenuBar();
    menuBar.setUseSystemMenuBar(true);
    Menu fileMenu = new Menu("File");
    MenuItem mnuPrint = new MenuItem("Print");
    mnuPrint.setOnAction(new EventHandler<ActionEvent>() {
        @Override
        public void handle(ActionEvent e) {
          printCanvas(canvas);
        }
    });
    MenuItem mnuExit = new MenuItem("Exit");
    mnuExit.setOnAction(new EventHandler<ActionEvent>() {
        @Override
        public void handle(ActionEvent e) {
            System.exit(0);
        }
    });
    fileMenu.getItems().addAll(mnuPrint, mnuExit);
    menuBar.getMenus().add(fileMenu);

    GraphicsContext gc = canvas.getGraphicsContext2D();

    // 線を描く
    gc.setLineWidth(2.0);
    gc.setStroke(Color.DARKGRAY);
    gc.strokeLine(10, 10, 230, 10);
    // 塗り潰した矩形を描く
    gc.setFill(Color.BLUE);
    gc.fillRect(15,25,100,100);
    // 楕円を描く
    gc.strokeOval(150, 40, 50, 80);
```

```
    VBox root = new VBox();
    root.getChildren().addAll(menuBar, canvas);

    stage.setScene(new Scene(root, 300, 300));
    stage.show();
  }

  void printCanvas(Canvas canvas) {
    Node node = canvas;
    PrinterJob job = PrinterJob.createPrinterJob();
    if (job != null) {
      boolean success = job.printPage(node);
      if (success) {
          job.endJob();
      }
    }
  }
}
```

図 20.1 ● PrintGraphics の実行例

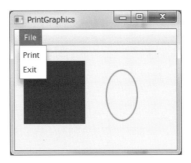

第3部

さまざまなテクニック

Topic 21	I/Oとネットワーク
Topic 22	実行環境
Topic 23	パッケージ
Topic 24	エラーへの対処
Topic 25	パフォーマンス
Topic 26	マルチスレッド
Topic 27	暗号
Topic 28	JavaScript

Topic 21 I/O とネットワーク

　Javaには最初期のバージョンからI/O（入出力）のライブラリが備わっていましたが、バージョン7で新しいI/Oライブラリが導入されました。それは、文字通り新しいI/O（new inpit output）で、`java.nio`パッケージとそのサブパッケージとして実装されています。

Files

　`java.nio.file.Files`クラスには、ファイル、ディレクトリ、またはその他の種類のファイルを操作する`static`メソッドだけがあります。Filesクラスのメソッドを次の表に示します。

表 21.1 ● Files クラスのメソッド

メソッド	解説
`copy()`	すべてのバイトをファイルまたは入力ストリームからターゲットにコピーする。
`createDirectories()`	ディレクトリを作成する。
`createFile()`	新しい空のファイルを作成する（ファイルがすでに存在する場合は失敗する）。
`createLink()`	既存のファイルに対して新しいリンクを作成する。
`createSymbolicLink()`	シンボリックリンクを作成する（OSに依存する）。
`createTempDirectory()`	テンポラリディレクトリを作成する。
`createTempFile()`	テンポラリファイルを作成する。
`delete()`	ファイルを削除する。
`deleteIfExists()`	ファイルが存在する場合は削除する。
`exists()`	ファイルが存在すれば`true`を返す。
`find()`	ファイルを検索して`Stream<Path>`を返す。
`getAttribute()`	ファイル属性の値を取得する。
`getFileAttributeView()`	指定されたタイプのファイル属性ビューを取得する。
`getFileStore()`	ファイルが置かれているファイルストアを表す`FileStore`を取得する。

メソッド	解説
`getLastModifiedTime()`	ファイルの最終変更時間を取得する。
`getOwner()`	ファイルの所有者を取得する。
`getPosixFilePermissions()`	ファイルの POSIX ファイルアクセス権を取得する。
`isDirectory()`	指定したファイルがディレクトリであれば `true` を返す。
`isExecutable()`	指定したファイルが実行可能であれば `true` を返す。
`isHidden()`	指定したファイルが隠しファイルとみなされる場合は `true` を返す。
`isReadable()`	指定したファイルが読み取り可能であれば `true` を返す。
`isRegularFile()`	指定したファイルが通常ファイルであれば `true` を返す。
`isSameFile()`	二つのパスが同じファイルを検出すれば `true` を返す。
`isSymbolicLink()`	指定したパスががシンボリックリンクでれば `true` を返す。
`isWritable()`	ファイルが書き込み可能であれば `true` を返す。
`lines()`	ファイル内のすべての行を `Stream` として読み取る。
`list()`	ディレクトリ内のエントリを要素に持つ `Stream` を返す。
`move()`	ファイルをターゲットファイルに移動するか、そのファイル名を変更する。
`newBufferedReader()`	ファイルを読み込み用に開きテキストを読み込む `BufferedReader` を返す。
`newBufferedWriter()`	ファイルを書き込み用に開くか作成し、テキストを書き込む `BufferedWriter` を返す。
`newByteChannel()`	ファイルを開くか作成しファイルにアクセスするためのシーク可能なバイトチャネルを返す。
`newDirectoryStream()`	ディレクトリを開き、ディレクトリ内のすべてのエントリを反復するための `DirectoryStream` を返す。
`newInputStream()`	ファイルを開き、そのファイルから読み取る入力ストリームを返す。
`newOutputStream()`	ファイルを開くか作成して、そのファイルにバイトを書き込む出力ストリームを返す。
`notExists()`	指定したパスが示すファイルが存在しない場合は `true` を返す。
`probeContentType()`	指定したファイルのコンテンツタイプを表す文字列を返す。
`readAllBytes()`	ファイルからすべてのバイトを読み取り、バイト配列を返す。
`readAllLines()`	ファイルからすべての行を読み取り、文字列のリストを返す。
`readAttributes()`	一括操作としてファイル属性を読み取る。
`readSymbolicLink()`	シンボリックリンクのターゲットを読み取る。
`setAttribute()`	ファイル属性の値を設定する。
`setLastModifiedTime()`	ファイルの最終変更時間属性を更新する。
`setOwner()`	ファイル所有者を更新する。
`setPosixFilePermissions()`	ファイルの POSIX ファイルアクセス権を設定する。

メソッド	解説
size()	ファイルのサイズをバイト単位で返す。
walk()	指定された開始ファイルをルートとするファイルツリーを参照してStream<Path>を返す。
walkFileTree()	ファイルツリーを参照してパスを返す。
write()	指定したバイト配列またはテキスト行をファイルに書き込む。

これらのメソッドはstaticメソッドなので、使い方は容易です。いずれもFiles.*method*()という形式で呼び出します。

次にいくつかの例を示します。

■ファイルをコピーする

たとえば、ファイルをコピーする操作は1行で記述できます。Files.readAllBytes()とFiles.write()を次のように使います。

```
dest = Files.write(dest, Files.readAllBytes(src));
```

これをあえて2行に分けて書くとすると次のようになります。

```
byte data[] = Files.readAllBytes(src);
dest = Files.write(dest, data);
```

Files.readAllBytes()の書式は次の通りです。

> **public static byte[] readAllBytes(Path *path*)**

これで返されたバイト配列をFiles.write()の第2の引数に渡します。

> **public static Path write(Path *path*, byte[] *bytes*
>   [, OpenOption... *options*])**

最初に示したように1行で記述すれば、読み込んだ行を一時的に保存しておくバッファを確保する必要さえありません。

実行できるプログラム全体は次のようになります。

リスト 21.1 ● CopyFile.java

```java
import java.io.IOException;
import java.nio.file.Files;
import java.nio.file.Path;
import java.nio.file.Paths;

public class CopyFile {

  public static void main(String... args) {

    Path src = null;
    Path dest = null;
    try {
      src = Paths.get("test.txt");
      dest = Paths.get("work/test.txt");
      // ファイルからすべてのバイトを読み取り、バイト配列をファイルに書き込む
      dest = Files.write(dest, Files.readAllBytes(src));
    }catch (IOException e) {
      System.out.println(e.toString());
    }
    if (src == null || dest== null)
      System.out.println("コピーに失敗しました。");
    else
      System.out.println(src + "から" + dest + "にコピーしました。");
  }
}
```

　もちろん、単にコピーするだけでなく、受け取ったデータを加工して出力することもできます。その場合は、2行に分けて記述した方法でバイト配列を受け取って、データを加工してから返すメソッドを作るとよいでしょう。
　ファイルのコピーに成功すると、次のようなメッセージを表示します。

```
D:¥JavaKey¥Part3¥ionet>java CopyFile
test.txtからwork¥test.txtにコピーしました。
```

■ Stream を使う

ファイルサイズが極端に大きい可能性がある場合や、加工の処理に時間がかかる場合は Stream を使うべきです。

次に、Stream を使ってファイルの行をすべて読み込んで作業を行うコードの例を考えてみますが、その前にこれまで使われていた方法を復習してみましょう。

ファイルの内容を読み込むときに、従来はたとえば、次のようなコードを使っていました。

```
InputStream is = new FileInputStream( "Sample.txt" );
BufferedReader br = new BufferedReader( new InputStreamReader(is) );
// テキストファイルを1行ずつ読み込む
String s = "";
while (true)
{
    s = br.readLine();
    if (s == null)
        break;
    // なにかする。
}
// ストリームなどを閉じる
br.close();
is.close();
```

これは、InputStream と BufferedReader を作成して、何らかの作業を行い、そしてクローズするという一連のコードです。これらの操作は I/O エラーなどの例外が発生する可能性があるので、実際にプログラムとして記述するときにはこれらの作業全体に対して try-catch を使って例外処理を行わなければなりません。

しかし、nio の Fuiles.lines() を使えば、次の2行でファイルの内容をすべて読み込むことができます。

```
Path path = Paths.get("Sample.txt");
Stream<String> lines = Files.lines(path);
```

ファイルの文字セットが UTF-8 でない場合は、次の書式を使って Files.lines() の2番目の引数に文字セットを指定することができます。

```
Stream<String> lines(Path path, Charset cs)
```

さらに、try-with-resource 文を使うことで、リソースのクローズについて心配しなくて済みます。

```
try (Stream<String> lines = Files.lines(path)){
  // なにかする
} catch (IOException e) {
  e.printStackTrace();
};
```

テキストファイルを開いて読み込み、その行数をカウントして出力するプログラムの全体を次に示します。

リスト 21.2 ● LineCounter.java

```java
import java.io.IOException;
import java.nio.file.Files;
import java.nio.file.Path;
import java.nio.file.Paths;
import java.util.List;
import java.util.stream.Stream;

public class LineCounter {

  public static void main(String[] args) {

    Path path = Paths.get("Sample.txt");
    try (Stream<String> lines = Files.lines(path)){
      System.out.println( lines.count() );
    } catch (IOException e) {
      e.printStackTrace();
    };
  }
}
```

実行結果を示します。

```
D:\JavaKey\Part3\ionet>java LineCounter
18
```

■**ファイルシステムにアクセスする**

ファイルシステムにアクセスすることもできます。

次の例は、test.txtというファイルのリンクをworkというディレクトリにtest.lnkという名前で作成する例です。

リスト21.3 ● MkLink.java

```java
import java.io.IOException;
import java.nio.file.FileAlreadyExistsException;
import java.nio.file.Files;
import java.nio.file.InvalidPathException;
import java.nio.file.Path;
import java.nio.file.Paths;

public class MkLink {

  public static void main(String... args) {

    Path path = null;
    try {
      Path src = Paths.get("test.txt");
      Path link = Paths.get("work/test.lnk");
      path = Files.createLink(link, src);
    } catch (InvalidPathException e) {
      System.out.println("パス文字列をPathに変換できまえん。");
    } catch (UnsupportedOperationException  e) {
       System.out.println("既存のファイルのディレクトリへの追加をサポートしません。");
    } catch (FileAlreadyExistsException e) {
      System.out.println("リンクのファイルがすでに存在しています。");
    } catch (SecurityException e) {
      System.out.println("セキュリティマネージャによってリンクを許可されません。");
    }catch (IOException e) {
      System.out.println(e.toString());
    }
    if (!path.equals(null))
```

```
            System.out.println(path + "を作成しました。");
    }
}
```

「リンク」の詳細はファイルシステムによって異なるので、ファイルシステムによって実際の動作の詳細は異なります。たとえば、Windows では拡張子を lnk にすることで、ショートカットが作成されます。

実行結果を示します。

```
D:\JavaKey\Part3\ionet>java MkLink
work\test.lnkを作成しました。

D:\JavaKey\Part3\ionet>java MkLink
リンクのファイルがすでに存在しています。
Exception in thread "main" java.lang.NullPointerException
        at MkLink.main(MkLink.java:29)
```

ソケット通信

通信プログラムを作成するときには、一般的にはサーバーとクライアントとして作成します。ここではソケット通信のサーバーとクライアントの例を示します。

ここで作成するプログラムは、

1. クライアントからサーバーに文字列データを送り、
2. サーバーは受け取った文字列データをすべて大文字変換してクライアントに送り返し、
3. クライアントは受け取ったすべて大文字のテキストを表示する。

という単純なプログラムです。

サーバープログラムは、最初に通信に使うポート番号を指定してServerSocketを作成します。

```
ServerSocket ssock = new ServerSocket(PORT);
```

ServerSocketクラスは使い終わったときに自動的にクローズ処理を行うAutoCloseableインタフェースを実装しているので、実際のコードではtry-with-resource文でリソースを最後に解放するようにします。

```
try (ServerSocket ssock = new ServerSocket(PORT)) {
    // ServerSocketを使う。
} catch (IOException e) {
  e.printStackTrace();
}
// ServerSocketは自動的に解放されている。
```

サーバーには適切なタイムアウト時間を設定しておきます。

```
ssock.setSoTimeout(SERVER_TIMEOUT);
```

そして、ServerSocket.accept() を呼び出してクライアントが接続するのを待ちます。

```
Socket sock = ssock.accept();
System.out.println("接続しました。");
```

接続されたら、BufferedReader を作成します。

```
Reader in = new BufferedReader(
           new InputStreamReader(sock.getInputStream()));
```

そしてデータを受信します。

```
StringBuilder sb = new StringBuilder(4096);
int c;
while((c =in.read()) != -1) {
 if (c == DATA_END)
   break;
   sb.append((char)c);
}
```

データを受け取ったら適切な処理を行います。ここではデモのために単に文字列をすべて大文字に変換します。

```
String us = s.toUpperCase();
```

そして、BufferedWriter を作成してデータを送り返します。

```
Writer out = new BufferedWriter (
           new OutputStreamWriter(sock.getOutputStream())){
out.write(us);
out.flush();
```

実際にはここでも try-with-resource 文でリソースを最後に解放するようにします。

```
try (Reader in = new BufferedReader(
       new InputStreamReader(sock.getInputStream()));
     Writer out = new BufferedWriter (
       new OutputStreamWriter(sock.getOutputStream())){
```

```
    StringBuilder sb = new StringBuilder(4096);
    int c;
    while((c =in.read()) != -1) {
      if (c == DATA_END)
        break;
      sb.append((char)c);
    }
    String s = sb.toString();
    System.out.println(s);     // 受け取ったデータ
    String us = s.toUpperCase();
    out.write(us);
    out.flush();
}
```

サーバーのプログラム全体は次のようになります。

リスト 21.4 ● SockServer.java

```java
import java.io.BufferedReader;
import java.io.BufferedWriter;
import java.io.IOException;
import java.io.InputStreamReader;
import java.io.OutputStreamWriter;
import java.io.Reader;
import java.io.Writer;
import java.net.ServerSocket;
import java.net.Socket;
import java.net.SocketException;
import java.net.SocketTimeoutException;

class Server {
  private static final int PORT = 56789;
  private static final int SERVER_TIMEOUT = 60000;   // 60秒
  private static final char DATA_END = '#';
  private static final int TIMEOUT = 10000;    // 10秒

  public void run() {
    // try-with-resource文でリソースを最後に解放するようにする
    try (ServerSocket ssock = new ServerSocket(PORT)) {
      ssock.setSoTimeout(SERVER_TIMEOUT);
      Socket sock = ssock.accept();
      System.out.println("接続しました。");
      // try-with-resource文でリソースを最後に解放するようにする
```

```java
        try (Reader in = new BufferedReader(
                new InputStreamReader(sock.getInputStream())); 
             Writer out = new BufferedWriter (
                new OutputStreamWriter(sock.getOutputStream()))){
          StringBuilder sb = new StringBuilder(4096);
          int c;
          while((c =in.read()) != -1) {
            if (c == DATA_END)
              break;
            sb.append((char)c);
          }
          String s = sb.toString();
          System.out.println(s);        // 受け取ったデータ
          String us = s.toUpperCase();
          out.write(us);
          out.flush();
          System.out.println(us);     // 出力したデータ
        } catch (IOException e) {
          e.printStackTrace();
        }
      }catch (SocketTimeoutException e) {
        System.out.println("タイムアウトです。");
      }catch (SocketException e) {
        e.printStackTrace();
      }catch (IOException e) {
        e.printStackTrace();
      }
    }
  }
}

public class SockServer {

  public static void main(String... args) {
    System.out.println("スタート");
    Server prog = new Server();
    prog.run();
    System.out.println("終了");
  }

}
```

クライアントでやることは次のとおりです。

まず、ソケットを作成して、Socket.connect()で接続します。

```
Socket sock = new Socket();
sock.connect(new InetSocketAddress(SERVER_HOST, SERVER_PORT), TIMEOUT);
```

そして、

```
Reader in = new BufferedReader( new InputStreamReader(sock.getInputStream();

// sndMsgにユーザーの入力を取得する

out.write(sndMsg);        // データをサーバーに送出する
out.write(DATA_END);      // エンドマーク
out.flush();
```

最後に、サーバーから送られるデータを受信します。

```
char[] buf = new char[4096];
int len = 0;
while( (len = in.read(buf)) == -1)
    ;
String s = String.valueOf(buf).substring(0, len);
System.out.println(s);
```

ここでも、実際のコードでは try-with-resource 文でリソースを最後に解放するようにします。

```
try (Reader in = new BufferedReader( new InputStreamReader(sock.getInputStream()));
     Writer out = new BufferedWriter( new OutputStreamWriter(sock.getOutputStream()))){
  // ユーザーの入力を取得する
  System.out.print("\n==>");   // プロンプト
  InputStreamReader isr = new InputStreamReader( System.in );
  BufferedReader br = new BufferedReader( isr );
  String sndMsg = "";
  try {
    sndMsg = br.readLine();
  } catch (IOException e) {
    e.printStackTrace();
  }
  out.write(sndMsg);        // データをサーバーに送出する
  out.write(DATA_END);      // エンドマーク
  out.flush();
```

```java
    // サーバーから送られるデータを受信する
    char[] buf = new char[4096];
    int len = 0;
    while( (len = in.read(buf)) == -1)
        ;
    String s = String.valueOf(buf).substring(0, len);
    System.out.println(s);
}
```

クライアントのプログラム全体は次のようになります。

リスト 21.5 ● SockClient.java

```java
import java.io.BufferedReader;
import java.io.BufferedWriter;
import java.io.IOException;
import java.io.InputStreamReader;
import java.io.OutputStreamWriter;
import java.io.Reader;
import java.io.Writer;
import java.net.InetSocketAddress;
import java.net.Socket;
import java.net.SocketTimeoutException;

class Client {
    private static final String SERVER_HOST = "localhost";
    private static final int SERVER_PORT = 56789;
    private static final char DATA_END = '#';
    private static final int TIMEOUT = 5000;

    void exec(){
        // try-with-resource文でリソースを最後に解放するようにする
        try (Socket sock = new Socket()) {
            sock.connect(new InetSocketAddress(SERVER_HOST, SERVER_PORT), TIMEOUT);
            sock.setSoTimeout(TIMEOUT);
            try (Reader in = new BufferedReader(new InputStreamReader(sock.getInputStream()));
                 Writer out = new BufferedWriter(new OutputStreamWriter(sock.getOutputStream()))){
                // ユーザーの入力を取得する
                System.out.print("\n==>");   // プロンプト
                InputStreamReader isr = new InputStreamReader( System.in );
                BufferedReader br = new BufferedReader( isr );
                String sndMsg = "";
```

```java
          try {
            sndMsg = br.readLine();
          } catch (IOException e) {
            e.printStackTrace();
          }
          out.write(sndMsg);        // データをサーバーに送出する
          out.write(DATA_END);      // エンドマーク
          out.flush();

          // サーバーから送られるデータを受信する
          char[] buf = new char[4096];
          int len = 0;
          while( (len = in.read(buf)) == -1)
              ;
          String s = String.valueOf(buf).substring(0, len);
          System.out.println(s);
        }catch (IOException e ) {
         e.printStackTrace();
        }
        sock.close();
    } catch (SocketTimeoutException e ) {
      e.printStackTrace();
    } catch (IOException e ) {
      e.printStackTrace();
    }
  }
}

public class SockClient {
  public static void main(String... args) {
    System.out.println("スタート");
    Client my = new Client();
    my.exec();
    System.out.println("終了");
  }
}
```

　このプログラムを実行するときにはサーバーを起動してからクライアントを起動し、テキストデータをサーバーに送ります。

セキュリティソフトウェアを使っている場合、通信機能を使うプログラムを実行するときには、セキュリティソフトウェアの設定を変更する必要がある場合があります。

サーバー側の実行時の操作はたとえば次のようになります。

```
D:\JavaKey\Part3\ionet>java SockServer
スタート                              ←ここでクライアントを起動する
接続しました。
Hello Dogs.
HELLO DOGS.
終了

D:\JavaKey\Part3\ionet>
```

クライアント側の実行時の操作はたとえば次のようになります。

```
D:\JavaKey\Part3\ionet>java SockClient
スタート

==>Hello.Dogs.                        ←送信する文字列を入力する
HELLO DOGS.
終了

D:\JavaKey\Part3\ionet>
```

Javaでメールを送信したり受診したいときには、Java SE/EEとは別にパッケージ化されているJava Mail APIを使います。

Topic 22 実行環境

ここでは実行環境に関連することがらを取り上げます。

外部プログラムの起動

Javaのプログラムから他のプログラムを実行するときには、`java.lang.Runtime`にある`exec()`を使います。起動したプログラムの終了を待つときには、`java.lang.Process`の`waitFor()`を使います。実行する外部プログラムは、次に示すようにJavaのプログラムでも、あるいはその環境にある他のプログラムでも構いません。

```
String cmdline = "java AnimeClock";                    // 実行するコマンドライン
Process proc = Runtime.getRuntime().exec(cmdline);     // 実行する
proc.waitFor();        // 終了を待つ
```

これらのメソッドは例外を生成する可能性があるので、try～catch…の中に記述します。

実行可能なプログラムの例を次に示します。

リスト 22.1 ● execprog.java

```java
import java.io.IOException;

public class execprog {

  @Override
  public static void main(String... args) {

    String cmdline = "java AnimeClock";                    // 実行するコマンドライン

    try {
      Process proc = Runtime.getRuntime().exec(cmdline);   // 実行する
      System.out.println("起動しました。");
```

```
            proc.waitFor();      // 終了を待つ
            System.out.println("終了しました。");

        } catch( SecurityException e ) {
            System.out.println("セキュリティマネージャがサブプロセスの作成を許可しません。");
        } catch( IOException e ) {
            System.out.println("入出力エラーが発生しました。");
        } catch( NullPointerException e ) {
            System.out.println("コマンドラインがnullです。");
        } catch( IllegalArgumentException e ) {
            System.out.println("コマンドが指定されていません。");
        } catch( Exception e ) {
            System.out.println("エラーです。" + e.getMessage());
        }
    }
}
```

　一般論として、巨大なプログラムは開発するのも、デバッグするのも、そしてメンテナンスするのも困難です。そこで、プログラムを実行可能ないくつかの部分に分割して、機能上メインとなるプログラムから呼び出す（起動する）ように設計することは好ましいことです。

　実行結果を示します。

```
D:¥JavaKey¥Part3¥Runtime>java execprog
起動しました。
終了しました。
```

図 22.1 ●起動されるプログラム

環境の状況の取得

最近は多くの実行環境で複数のプロセッサが利用可能です。利用可能なプロセッサ数の取得には availableProcessors() を使います。

```
int availableProcessors()
```

また、大きなプログラムや大きなデータを扱うプログラムでは、メモリの状態を調べることも必要になるでしょう。このようなメソッドは java.lang.Runtime で定義されています。主なメソッドを次の表に示します。

表 22.1 ● CPU とメモリに関するメソッド

メソッド	解説
gc()	ガベージ・コレクタを実行する。
totalMemory()	Java 仮想マシンのメモリの総容量（バイト単位）を返す。
freeMemory()	Java 仮想マシン内の空きメモリの量（バイト単位）を返す。
maxMemory()	Java 仮想マシンが使用を試みる最大メモリ容量（バイト単位）を返す。

これらのメソッドを使った例を次に示します。

リスト 22.2 ● SysInfo.java

```java
public class SysInfo {
  public static void main(String... args) {
    Runtime r = Runtime.getRuntime();
    System.out.println("プロセッサ数:" + r.availableProcessors());
    System.out.println("メモリの総容量:" + r.totalMemory());
    r.gc();   // 大規模なプログラムなどの場合、ガベージコレクタを実行する。
    System.out.println("空きメモリの量:" + r.freeMemory());
    System.out.println("最大使用メモリ:" + r.maxMemory());
  }
}
```

実行例を示します。

```
D:¥JavaKey¥Part3¥Runtime>java SysInfo
プロセッサ数:8
メモリの総容量:192937984
空きメモリの量:191465216
最大使用メモリ:2854223872
```

仮想マシンの終了

通常は、実行しているプログラムを終了するときには、System.exit() を呼び出します。これによって必要なクリーンアップが行われます。

しかし、それでも終了できないか、何らかの原因でやむをえず強制終了したいときには、Runtime.halt() を実行します。

GUI アプリケーションの例を次に示します。

リスト 22.3 ● ExitHalt.java

```java
import javafx.application.Application;
import javafx.geometry.Insets;
import javafx.geometry.Pos;
import javafx.scene.Scene;
import javafx.scene.control.Button;
import javafx.scene.layout.VBox;
import javafx.stage.Stage;

public class ExitHalt extends Application {

  @Override
  public void start(Stage stage) throws Exception {
    stage.setTitle("ExitHalt");
    stage.setWidth(240);
    stage.setHeight(120);

    Button btnExit = new Button("終了");
    btnExit.setPrefWidth(80);
    btnExit.setOnAction(event -> System.exit(0));
```

```
        Button btnHalt = new Button("強制終了!");
        btnHalt.setPrefWidth(80);
        btnHalt.setOnAction(event -> Runtime.getRuntime().halt(-1));

        VBox root = new VBox();
        root.setAlignment(Pos.CENTER);
        root.setPadding(new Insets(10, 10, 10, 10));
        root.setSpacing(20.0);
        root.getChildren().addAll(btnExit, btnHalt);

        stage.setScene(new Scene(root));
        stage.show();
    }
}
```

実行結果を示します。

図22.2 ● [終了] と [強制終了!]

グラフィックスデバイスの調査

ディスプレイの数やスクリーンのサイズ、色の数（ビット／ピクセル）などのグラフィックススクリーンに関する情報は java.awt.Toolkit にあるメソッドで取得できます。グラフィックデバイスに関連する Toolkit の主なメソッドを次の表に示します。

表 22.2 ● Toolkit のグラフィックデバイスに関連する主なメソッド

メソッド	解説
getColorModel()	このツールキットのスクリーンのカラーモデルを取得する。
getDefaultToolkit()	デフォルトのツールキットを取得する。
getDesktopProperty()	指定された名前のデスクトッププロパティの値を取得する。
getScreenInsets()	スクリーンのインセットを取得する。
getScreenResolution()	スクリーン解像度を1インチあたりのドット数で取得する。
getScreenSize()	スクリーンサイズを表す Dimension を取得する。

たとえば、スクリーン解像度（DPI）を取得するには次のようなコードを使います。

```
int res = Toolkit.getDefaultToolkit().getScreenResolution();
```

また、たとえば、スクリーンサイズをを取得するには次のようなコードを使います。

```
Dimension scrndim =Toolkit.getDefaultToolkit().getScreenSize();
```

上記のメソッドを使ってグラフィックデバイスに関する情報を取得して表示するプログラム全体は次のようになります。このプログラムのように、情報の取得はAWT、表示には JavaFX と役割を明確に分ける限り、JavaFX の要素と AWT の要素を両方とも同時に問題なく使用できる点に注目してください。

リスト 22.4 ● GraphicsDev.java

```
// GraphicsDev.java
import java.awt.Dimension;
import java.awt.GraphicsConfiguration;
import java.awt.GraphicsDevice;
import java.awt.GraphicsEnvironment;
```

```java
import java.awt.Rectangle;
import java.awt.Toolkit;
import java.awt.image.ColorModel;

import javafx.application.Application;
import javafx.scene.Group;
import javafx.scene.Scene;
import javafx.scene.control.TextArea;
import javafx.stage.Stage;

public class GraphicsDev extends Application {

  @Override
  public void start(Stage stage) throws Exception {
    stage.setTitle("GraphicsDev");

    // デバイス数の取得
    Rectangle virtualBounds = new Rectangle();
    GraphicsEnvironment ge = GraphicsEnvironment.getLocalGraphicsEnvironment();
    GraphicsDevice[] gs = ge.getScreenDevices();
    String msg = "デバイス数=" + gs.length;
    for (GraphicsDevice gd :gs) {
      msg += "\nGraphicsDevice=" + gd.toString();
      GraphicsConfiguration[] gcs =gd.getConfigurations();
      for (GraphicsConfiguration gc: gcs) {
        virtualBounds = virtualBounds.union(gc.getBounds());
        msg += "\nvirtualBounds=" + virtualBounds.toString();
      }
    }

    // スクリーン解像度(DPI)
    int res = Toolkit.getDefaultToolkit().getScreenResolution();
    msg += "\nスクリーン解像度(DPI)=" + res;

    // スクリーン・サイズ
    Dimension scrndim = Toolkit.getDefaultToolkit().getScreenSize();
    msg += "\nスクリーンサイズ=" + scrndim.getWidth() + "X" + scrndim.getHeight();

    // カラーモデル
    ColorModel cm = Toolkit.getDefaultToolkit().getColorModel();
    msg += "\nビット/ピクセル=" + cm.getPixelSize() ;

    TextArea textarea = new TextArea();
    textarea.setPrefColumnCount(40);
```

```
      textarea.setPrefRowCount(10);
      textarea.setText(msg);
      Group root = new Group();
      root.getChildren().add(textarea);
      stage.setScene(new Scene(root));
      stage.show();
   }
}
```

このプログラムの実行例を次の図に示します。

図 22.3 ● GraphicsDev

```
GraphicsDev
デバイス数=1
GraphicsDevice=D3DGraphicsDevice[screen=0]
virtualBounds=java.awt.Rectangle[x=0,y=0,width=1920,height=1200]
スクリーン解像度(DPI)=96
スクリーンサイズ=1920.0X1200.0
ビット/ピクセル=24
```

Topic 23 パッケージ

パッケージは、クラスやインタフェースなどをまとめて名前を付けたものです。

Javaのプログラムを作成するときに、「import java.io.*;」や「import java.util.*;」などの形式でimport文を書くことがよくあります。このときのjava.ioやjava.utilなどはパッケージの名前を表しています。

■ パッケージの例

既存の提供されているパッケージを利用するだけならimport文を知っていればよいわけですが、自分で作成するコードをパッケージに入れるときには、少々面倒なことがあります。

ここで、パッケージを使って、「Hello, Java!」と出力する単純なJavaアプリケーションを作成してみましょう。

このプログラムのソースの最初に必要なのは、そのファイルが含まれるパッケージの宣言です。

```java
package mysample.ex;   /* パッケージ宣言 */
```

「Hello, Java!」と出力する部分はパッケージを使わないときと同じです。

```java
public class Hello {
  public static void main(String... args) {
    System.out.println("Hello, Java!");
  }
}
```

まとめると次のようになります。

リスト 23.1 ● Hello.java

```
package mysample.ex;   /* パッケージ宣言 */

public class Hello {
  public static void main(String... args) {
    System.out.println("Hello, Java!");
  }
}
```

　このソースファイルを、たとえば Windows 環境の場合「C:¥work¥mysample¥ex」というフォルダーに「Hello.java」という名前で保存します。

　先頭の「C:¥work」はパッケージが属するフォルダーで、この部分は自由に変更しても構いません。しかし、それ以降のパス（mysample¥ex）は変更できません。パッケージ階層とディレクトリ階層は一致していなければならないからです。

　なお、ファイル名はパッケージを使うかどうかにかかわらずクラス名と一致していなければなりません。

　ファイルを保存できたら、コマンドプロンプトで以下のコマンドを実行します。

```
C:> cd C:¥work
C:¥work> javac mysample¥ex¥Hello.java
```

　コマンド cd はカレントディレクトリを変更し、javac はソースコードをコンパイルします。

　コンパイルに成功すると、「C:¥work¥mysample¥ex」フォルダーに「Hello.class」というファイルが作成されます。これが Java 仮想マシンで動作するクラスファイルと呼ばれる実行ファイルです。

　このクラスファイルは、次のようにして実行します。

```
C:¥work> java mysample.ex.Hello
Hello, Java!
```

パッケージ名

　パッケージ名の先頭は文字にします。文字は、a ～ z、A ～ Z、_（アンダーバー）、$ のいずれかです。ただし、$ は特殊な文字で、自分で作成するパッケージでは使いません。

　最初の文字のあとには、文字か数字を続けます。

　なお、予約語やリテラル値になるものは使えません。

　パッケージ名の付け方としてよく使われるのは、インターネットのドメイン名を逆にした名前です。例えば「cutt.co.jp」名前の逆である jp.co.cutt を使います。ドメイン名は唯一無二なので、通常、このようにすることでパッケージ名が重複することがなくなります。なお、ドメイン名ではハイフン（-）が使われることがありますが、Java のパッケージ名の文字にハイフンは使えないのでアンダーバー（_）に置き換えます。

　パッケージ名に「jp.co.cutt」を使ったら、ソースはいずれかのディレクトリの jp¥co¥cutt に保存します。パッケージ階層とディレクトリ階層は一致していなければならないからです。

Topic 24 エラーへの対処

予期できるエラーや矛盾に対処するには、例外処理やassert文を使います。

例外処理

例外は、プログラムの実行の継続ができなくなるような異常事態です。
例外処理は次の構文で行います。

```
try {
    (例外が発生する可能性があるコード)
} catch(  (発生する例外の型)  e ) {
    (例外処理)
} finally {
    (後始末)
}
```

Java SE 7以降、ひとつのcatch節に複数の例外型を記述できるようになりました。

```
try {
    (例外が発生する可能性があるコード)
} catch(  (例外型1) | (例外型2) | (例外型3)  e ) {
    (例外処理)
}
```

こうした基本的な処理パターンは初歩のJavaの学習でも必ず学びますが、実際のアプリケーションで重要なことは、異常事態が発生してもリカバーできるようにする

ということです。例外が発生したときに、一般ユーザーは例外発生のメッセージを見てもどうすることもできません。

　たとえば、ユーザーが入力したコマンドを実行するプログラムがあるとします。ユーザーの入力は必ずしも常に適切とは限りません。そのため、できるだけコードで問題を検出して、問題が発生したことを通知してから、ユーザーが再び入力するか、ユーザーが操作をやめるか、選択できるようにするべきです。

　しかし、ユーザーの誤操作をコードで完全にカバーするのは不可能です。そこで例外処理機構を使って、発生した問題を処理するようにします。

　たとえば、ユーザーがコマンドを入力してそれを実行する GUI プログラムがあるとすると、次の図のように異常事態が発生したことを知らせて、ユーザーが正しいコマンドを入力し直して再実行できるようにする必要があります。

図 24.1 ● Recover の実行例

　コードとしては、たとえば次のようになるでしょう。

```
try {
  // ユーザーが入力したコマンドを実行する
  Process proc = Runtime.getRuntime().exec(cmd);   // 実行する
  proc.waitFor();      // 終了を待つ
} catch( Exception e ) {
  // メッセージボックスを表示する
  Window wnd = stage;
  Stage msgBox = new MessageBox(wnd, "コマンドが不正です。");
  msgBox.show();
}
```

　プログラム全体は次のようになります。

リスト 24.1 ● Recover.java

```java
import javafx.application.Application;
import javafx.geometry.Insets;
import javafx.geometry.Pos;
import javafx.scene.Scene;
import javafx.scene.control.Button;
import javafx.scene.control.Label;
import javafx.scene.control.TextField;
import javafx.scene.layout.VBox;
import javafx.stage.Stage;
import javafx.stage.Window;

public class Recover extends Application {

  @Override
  public void start(Stage stage) throws Exception {
    stage.setTitle("Recover");
    stage.setWidth(240);
    stage.setHeight(120);

    Label lbl = new Label("コマンド：");

    TextField txtURL = new TextField();
    txtURL.setPrefWidth(80);

    Button btnExec = new Button("実行");
    btnExec.setPrefWidth(80);
    btnExec.setOnAction(event -> execCmd(stage, txtURL.getText()));

    VBox root = new VBox();
    root.setAlignment(Pos.CENTER);
    root.setPadding(new Insets(10, 10, 10, 10));
    root.setSpacing(2.0);
    root.getChildren().addAll(lbl, txtURL, btnExec);

    stage.setScene(new Scene(root));
    stage.show();
  }

  void execCmd(Stage stage, String cmd) {
    try {
      Process proc = Runtime.getRuntime().exec(cmd);   // 実行する
      proc.waitFor();      // 終了を待つ
```

```
    } catch( Exception e ) {
      Window wnd = stage;
      Stage msgBox = new MessageBox(wnd, "コマンドが不正です。");
      msgBox.show();
    }
  }
}
```

なお、このプログラムはメッセージボックスを表示するために以下に示すクラスを使います。

リスト 24.2 ● MessageBox.java

```
import javafx.geometry.Insets;
import javafx.geometry.Pos;
import javafx.scene.Scene;
import javafx.scene.control.Button;
import javafx.scene.control.Label;
import javafx.scene.layout.VBox;
import javafx.stage.Modality;
import javafx.stage.Stage;
import javafx.stage.StageStyle;
import javafx.stage.Window;

public class MessageBox extends Stage {
  public MessageBox(Window wnd, String msg) {
    initStyle(StageStyle.UTILITY);
    initOwner(wnd);
    initModality(Modality.APPLICATION_MODAL);

    Label lbl = new Label();
    lbl.setPrefWidth(160);
    lbl.setText(msg);

    Button btnOK = new Button("OK");
    btnOK.setPrefWidth(80);
    btnOK.setOnAction(event -> this.close());

    VBox root = new VBox();
    root.setAlignment(Pos.CENTER);
    root.setPadding(new Insets(10, 10, 10, 10));
```

```
        root.setSpacing(20.0);
        root.getChildren().addAll(lbl, btnOK);

        setScene(new Scene(root));
    }
}
```

リソースの解放

　try 文でリソースを宣言することで、例外が発生したときにリソースを確実に解放することができます。

　これは、一般的には try-with-resource 文と呼ばれ、次のように try セクションのブロックの前に () でリソースの宣言を囲むことによって、try 文の {} を抜けた時点でリソースを無効にして解放する手法です。

```
try ( (リソース宣言) ){
    (例外が発生する可能性があるコード)   // ここではリソースを利用できる
} catch( (発生する例外の型)  e ) {
    (例外処理)                         // スコープ外なのでリソースは使えない
} finally {
    (終了処理)                         // スコープ外、リソースは使えない
}
```

　try-with-resource 文のコード例は Topic 21「I/O とネットワーク」の「Files」のプログラム LineCounter.java や「ソケット通信」のプログラムを参照してください。

try-with-resource 文の場合は、catch 節と finally 節は共に省略できます。try-with-resource 文でない try 文の場合は、catch 節と finally 節のいずれか一方は常に必要です。

このtry-with-resource文を使って自動的に解放するオブジェクトのクラスは、AutoCloseableインタフェースを実装する必要があります。

```
class SampleClass implements AutoCloseable {

  void doSomething() {
     // 何かする
  }

  @Override
  public void close() throws Exception {
     // リソースのクローズ処理を記述しなければならない。
  };
}
```

Debug クラス

println()やprint()、beep()は、高級言語プログラミングの歴史の最初からデバッグで効果的に利用されてきました。

println()やprint()を使えば、実行中の状況を出力できますし、beep()を入れておけば、そのコードが実行されたことが音でわかります。

このような方法を活用するのであれば、たとえば次のようなDebugクラスをユーティリティークラスとして作っておくとよいでしょう。

```
class Debug {

  // デバッグのときはtrue、falseにすれば
  // リリース版実行時に不要なコードは自動的に削除される
  static final boolean isDebug = true;

  static void print(String s) {
    if (isDebug )
      System.out.println(s);
  }

  static void beep() {
    if (isDebug )
      java.awt.Toolkit.getDefaultToolkit().beep();
```

```
  }

  static long startTime = 0;
  static void startPoint() {
    if (isDebug )
      startTime = System.nanoTime();
  }

  static void endtPoint() {
    if (isDebug ) {
      long time = System.nanoTime() - startTime;
      System.out.println("経過時間 (ミリ秒) =" + time * 0.000001);
    }
  }

  // 必要に応じてさらにメンバーを増やす。
}
```

　フラグ isDebug を static final として宣言している点が重要です。このフラグをデバッグのときは true にすれば音が鳴ったり情報が出力されます。そして、このフラグを false にすれば、コンパイル時に最適化されてデバッグのためのコードは自動的に削除されます。

　この Debug クラスのメンバーは static メンバーなので、インスタンスを作成しないで、たとえば次のように使います。

```
Debug.print("デバッグのためのメッセージ");

Debug.beep();
```

> **COLUMN**
>
> **警告の抑止**
>
> コンパイラが出力する警告を抑止する方法は2種類あります。
> ひとつめの方法は javac のオプション -nowarn または -Xlint（非標準オプション）を指定する方法です。
> もうひとつの方法は、アノテーション @SuppressWarnings を使う方法です。ただし、警告を抑制することは、特別な理由がない限り推奨されません。逆に、javac のオプション -Werror を指定して警告が発生した場合にコンパイルを終了するようにするほうが好ましいぐらいです。

Topic 25 パフォーマンス

ここでは、パフォーマンスの向上について知っておくとよい基本的なことを取り上げます。

文字列の連結

文字列をつなげたいとき、次のようにすることはよくあることです。

```
String s1 = "ABC";
String s2 = "XYZ";

s1 = s1 + s2;
```

これで間違いはありませんし、多くの場合はこれでまったく問題がありません。ところが、この操作を頻繁に行うとすると、少々問題が発生します。

この操作は、String オブジェクト s1 の最後に s2 が追加されるように見えるかもしれません。しかし、実際には、+演算子で連結されるときに、s1 に s2 をつなげたまったく新しい String オブジェクトが生成されて、その参照が s1 に保存されます。

オブジェクトの生成には時間がかかるので、もし+演算子を使って文字列をつなげる操作を多数回行うと、パフォーマンスに影響を与えます。

これを避ける方法は、次のように StringBuilder.append() を使う方法です。

```
StringBuilder s1 = new StringBuilder("ABC");
String s2 = "XYZ";

s1.append(s2);
```

これで、s1 という既存の StringBuilder の末尾に文字列が連結されます。

次の例は、String で+演算子を使って文字列を連結する方法と、StringBuilder で append() を使って文字列を連結する方法で、文字列を 10000 回つな

げた場合にかかる時間をそれぞれ測定するプログラムの例です。

リスト 25.1 ● PlusTest.java

```java
import java.util.Random;

public class PlusTest {

  static final int COUNT = 10000;

  public static void main(String... args) {
    System.out.println("Plus   :" + PlusStr());
    System.out.println("Append :" + AppendStr());
  }

  static long PlusStr() {
    Random rnd = new Random();
    long startTime = System.nanoTime();
    String s = "";
    for (int i=0; i<COUNT; i++)
      s = s + Integer.toHexString( rnd.nextInt() );
    return System.nanoTime() - startTime;
  }

  static long AppendStr() {
    Random rnd = new Random();
    long startTime = System.nanoTime();
    StringBuilder sb = new StringBuilder("");
    for (int i=0; i<COUNT; i++)
      sb.append(Integer.toHexString( rnd.nextInt()));
    return System.nanoTime() - startTime;
  }
}
```

実行結果は、たとえば次のようになります（実行環境によって結果の数値は異なります）。

```
Plus   :1231364451
Append :2038147
```

Stringで+演算子を使うより、StringBuilderでappend()を使うほうがこの場合は600倍も速いことがわかります。

基本型と参照型

intやdoubleのような型を基本型と言います。JavaにはほかにIntegerやDoubleなどの数値のクラスがあります。これらは参照型と呼びます。どちらも数値を表しているという点では同じですが、大きな違いが二つあります。ひとつめは、参照型は作成されたオブジェクトを参照していること、言い換えると単に数値が存在しているのではなく、オブジェクトが作られてそれを参照しているという点です。

もうひとつの大きな違いは、参照型は値がnullになりうるということです。

intやdoubleのような型の値は、単に値が操作されます。しかし、IntegerやDoubleなど参照型の値は、オブジェクトが作られて、そのオブジェクトが操作されます。そのため、同じ計算を行うと、参照型は時間がかかります。

次の例は、doubleとDoubleの値を乗算し、それぞれの場合にかかる時間を測定するプログラムの例です。

リスト 25.2 ● DoubleTest.java

```java
public class DoubleTest {

  static final int COUNT = 10000;

  public static void main(String... args) {
    System.out.println("double :" + muldouble());
    System.out.println("Double :" + mulDouble());
  }

  static long muldouble() {
    double x = 1.0001;
    long startTime = System.nanoTime();
```

```
    for (int i=0; i<COUNT; i++)
      x = x * x;
    return System.nanoTime() - startTime;
  }

  static long mulDouble() {
    Double x = new Double(1.0001);
    long startTime = System.nanoTime();
    for (int i=0; i<COUNT; i++)
      x = x * x;
    return System.nanoTime() - startTime;
  }
}
```

　実行結果は、たとえば次のようになります（実行環境によって結果の数値は異なります）。

```
double :154387
Double :2631670
```

　基本型を使うほうが、参照型を使うより、この場合は17倍も速いことがわかります。

配列リストとリンクリスト

　同じ種類のものを保存するときには配列をよく使いますが、配列ではその途中に挿入したり途中のものを削除する作業は面倒です（対象の場所以降の要素を移動しなければならないからです）。`ArrayList` や `LinkedList` を使えば、メソッドをひとつ呼び出すだけで途中への挿入や削除は容易にできます。しかし、`ArrayList` を使ったときと `LinkedList` を使ったときでは、そのパフォーマンスはまったく異なります。

　`ArrayList` の場合は、配列を操作するときと同様に、（メソッドの裏側で）対象の場所以降の要素を移動しなければなりません。しかし、`LinkedList` ならばリンクをつなぎ変えるだけで済みますから、速度はとても速くなります。

　次の例は、`ArrayList` と `LinkedList` を使い、3個の要素があるリストの2番目の要素として10000個の要素を挿入し、それぞれの場合にかかる時間を測定するプログラムの例です。

リスト25.3 ● ArrayvsLink.java

```java
import java.util.ArrayList;
import java.util.Arrays;
import java.util.LinkedList;
import java.util.List;

public class ArrayvsLink {

  static final int COUNT = 10000;

  static long addArrayList() {
    List<String> a = new ArrayList<>();
    a.addAll(Arrays.asList("abc", "cde", "efg"));
    long startTime = System.nanoTime();
    for (int i=0; i<COUNT; i++)
      a.add(1, Integer.toHexString(i).toString());
    return System.nanoTime() - startTime;
  }

  static long addLinkedList() {
    List<String> a = new LinkedList<>();
    a.addAll(Arrays.asList("abc", "cde", "efg"));
    long startTime = System.nanoTime();
```

```
    for (int i=0; i<COUNT; i++)
      a.add(1, Integer.toHexString(i).toString());
    return System.nanoTime() - startTime;
  }

  public static void main(String... args) {
    System.out.println("ArrayList :" + addArrayList());
    System.out.println("LinkedList:" + addLinkedList());
  }
}
```

実行結果は、たとえば次のようになります(実行環境によって結果の数値は異なります)。

```
ArrayList :42336334
LinkedList:3776576
```

LinkedListを使うほうがArrayListを使うより、この場合は11倍も速いことがわかります。

配列

多数の値を扱うときには、クラスを定義したり、コンテナクラスを使って扱うのはJavaでの定石です。

たとえば、IDとパスワードをたくさん管理したいとします。

一般的には次のようなクラスを作ることを考えるでしょう。

```
class Account {

  String ID;
  String PassWord;

  // アクセサメソッドやprint()など

}
```

あるいは、IDは重複することなく、また常にパスワードとペアになるべきなので、HashMapを使って次のようなクラスを作るかもしれません。

```
class Account {

  Map<String, String> Data = new HashMap<>();

  void put(String id, String pass){
    Data.put(id, pass);
  }

  String get(String id){
    return Data.get(id);
  }

  void print(String id) {
    System.out.println(id + ":" + Data.get(id));
  }

  // その他必要なメソッド
}
```

ここで、たとえばNO_OF_MEMBERS個のデータを作って、その中からランダムに10個のデータを取り出すことにします。IDはAで始まりそのあとに5桁の数が続く

文字列（たとえばA14961）、パスワードは5桁の数値と最後に値が8の桁がある文字列（たとえば150398）であるとします（あくまでも実験のためのIDとパスワードなので、乱数で自動的に作成しやすい文字列とします）。

プログラムはたとえば次のようになるでしょう。

```
Account account = new Account();
for (i=0; i<NO_OF_MEMBERS;i ++) {
  // IDとパスワードの（ダミー）データを作成する
  String id = String.format("A%05d", i);
  String pass = String.format("%05d8", NO_OF_MEMBERS-i);
  account.put(id,  pass);
}

// 10個のデータを検索する
Random rnd = new Random();
for (i=0; i<10; i++) {
  int nid = Math.abs(( rnd.nextInt() % NO_OF_MEMBERS) );
  account.print(String.format("A%05d", nid));
}
```

このコードは問題なく動きますが、ひとつのデータを作成するたびに、二つのStringオブジェクトを作ったうえに、Accountクラスのメンバーを呼び出して作成したデータを保存しなければなりません。

```
// IDとパスワードをStringオブジェクトとして作る
String id = String.format("A%05d", i);
String pass = String.format("%05d8", NO_OF_MEMBERS-i);

// Accountのインスタンスに追加する。
account.put(id,  pass);
```

これは1回だけならばたいした作業ではありません。しかし、数が膨大になれば、二つのStringオブジェクトを作ったうえに、Accountクラスのメンバーを呼び出して作成したデータを保存することを膨大な回数繰り返すには、かなり時間がかかることが予想されます。

そこで、ここで考え方を変えて、IDもパスワードも整数値にしてintの配列に保存することにしましょう。たとえば、次のようにします。

```
int pass[] = new int[NO_OF_MEMBERS];
for (i=0; i<NO_OF_MEMBERS;i ++) {
  // IDとパスワードの（ダミー）データを作成する
  pass[i] = NO_OF_MEMBERS-i;
}
// 10個のデータを検索する
Random rnd = new Random();
for (i=0; i<10; i++) {
  int nid = Math.abs(( rnd.nextInt() % NO_OF_MEMBERS) );
  System.out.printf("A%05d:%5d8¥n", nid, pass[nid]);
}
```

この場合、何かを作成するのは最初の配列を作成するときだけです。これで前のコードとまったく同じ目的を達成できます。

Accountクラスを使った場合と配列を使った場合にかかる時間を比べるために、これをまとめてひとつのプログラムにします。実行可能なプログラムとしては次のようになります。

リスト25.4 ● ArrayTest.java

```java
import java.util.HashMap;
import java.util.Map;
import java.util.Random;

class Account {

  Map<String, String> Data = new HashMap<>();

  void put(String id, String pass){
    Data.put(id, pass);
  }

  String get(String id){
    return Data.get(id);
  }

  void print(String id) {
```

```java
      System.out.println(id + ":" + Data.get(id));
    }

    // その他必要なメソッド
}

public class ArrayTest {

  static final int NO_OF_MEMBERS = 30000;

  public static void main(String[] args) {

    int i = 0;
    // オブジェクトを作成する例
    {
      long startTime = System.nanoTime();
      Account account = new Account();
      for (i=0; i<NO_OF_MEMBERS;i ++) {
        // IDとパスワードの（ダミー）データを作成する
        String id = String.format("A%05d", i);
        String pass = String.format("%05d8", NO_OF_MEMBERS-i);
        account.put(id,  pass);;
      }
      // 10個のデータを検索する
      Random rnd = new Random();
      for (i=0; i<10; i++) {
        int nid = Math.abs(( rnd.nextInt() % NO_OF_MEMBERS) );
        account.print(String.format("A%05d", nid));
      }
      long estimatedTime = System.nanoTime() - startTime;
      System.out.println("経過時間（ミリ秒）=" + estimatedTime * 0.000001);
    }

    // 配列を使う例
    {
      long startTime = System.nanoTime();
      int pass[] = new int[NO_OF_MEMBERS];
      for (i=0; i<NO_OF_MEMBERS;i ++) {
        // IDとパスワードの（ダミー）データを作成する
        pass[i] = NO_OF_MEMBERS-i;
      }
      // 10個のデータを検索する
      Random rnd = new Random();
      for (i=0; i<10; i++) {
```

```
            int nid = Math.abs(( rnd.nextInt() % NO_OF_MEMBERS) );
            System.out.printf("A%05d:%5d8¥n", nid, pass[nid]);
        }
        long estimatedTime = System.nanoTime() - startTime;
        System.out.println("経過時間（ミリ秒）=" + estimatedTime * 0.000001);
    }
  }
}
```

これを実行してみると、たとえば次のような結果になります（結果は環境によって変わります）。

```
A26756:032448
A11344:186568
A14961:150398
A03792:262088
A22389:076118
A24649:053518
A11241:187598
A26956:030448
A19330:106708
A11932:180688
経過時間（ミリ秒）=1266.819925
A14851:151498
A02754:272468
A05516:244848
A12688:173128
A01617:283838
A10784:192168
A21461: 85398
A23578: 64228
A05116:248848
A16067:139338
経過時間（ミリ秒）=3.032604
```

配列を使うほうが明らかに早いことがわかります。

パフォーマンスがきわめて重要な問題である場合は、このように、あえてオブジェクトを可能な限り作成しない方法を使うときわめて効果的である場合があります。たとえば、グラフィックスプログラムで大きなイメージの個々のピクセルを操作するような場合などには、こうした考え方を検討するとよいでしょう。

Topic 26 マルチスレッド

　マルチスレッドのプログラムは、メインスレッド以外に 1 個以上のスレッドを実行するプログラムです。

マルチスレッドの概要

　マルチスレッドのプログラムは、複数のスレッドが同時にあるいは切り替えられながら実行されます。

　マルチスレッドのプログラムで問題になる、データの共有やデッドロックなどは、複数のオブジェクトがひとつのものを扱おうとすること、言い換えれば、多数の人がひとつのものを取り合っている状況を想像することで理解できます。基本的な対応は、ある時刻にひとつのものに手を出してよいのは一人だけであると考えることです（この問題はそれだけで 1 冊の本になる奥の深い問題なので、詳細は他の書籍に譲ります）。

　一般論として、単純なことでない限り、このトピックで示す方法では解決困難な問題が発生する可能性は否定できません。可能であれば Stream などを使うことによってスレッドを直接扱わないほうがよいでしょう。

Threadの拡張

最も基本的なマルチスレッドのプログラムは、Threadクラスを拡張するクラスを定義することから始めます。言い換えると、マルチスレッドの各スレッドは、Threadの派生クラスのオブジェクトを扱うことにほかなりません。

スレッドのクラスは、次のような形式で定義します。

```
class MyThread extends Thread {
  // コンストラクタ（省略可）
  MyThread (args) {
    :
  }
  // 実行開始時の処理（省略可）
  @Override
  public void start() {
    :
  }
  // スレッドの処理（スレッドがやるべき処理を記述する）
  @Override
  public void run() {
    :
  }
}
```

次の例は、文字を1個ずつ出力するスレッドを3個起動するプログラムの例です。

リスト 26.1 ● Thread3.java

```
class Counter extends Thread {
  char ch = ' ';
  Counter(char c) {   // コンストラクタ
    ch = c;
  }
```

```java
  @Override
  public void start() {
    System.out.printf("スレッド%cスタート\n", ch);
    super.start();
  }

  @Override
  public void run() {
    for (int i=0; i<25; i++) {
      System.out.printf("%c", ch);
      try {
        Thread.sleep(30);
      } catch (InterruptedException e) {
        e.printStackTrace();
      }
    }
    System.out.printf("\nスレッド%c終了\n", ch);
  }
}

public class Thread3{

  public static void main(String... args) {

    // 最初のスレッドスタート
    Counter th1 = new Counter('*');
    th1.start();
    // 2番目のスレッドスタート
    Counter th2 = new Counter('+');
    th2.start();
    // 3番目のスレッドスタート
    Counter th3 = new Counter('#');
    th3.start();

    // 各スレッドが終了するのを待つ
    try {
      th1.join();
      th2.join();
      th3.join();
    } catch (InterruptedException e) {
      e.printStackTrace();
    }
    System.out.println("プログラムの終了。");
```

```
        }
}
```

　　実行結果を示します。

```
D:\JavaKey\Part3\MThread>java Thread3
スレッド*スタート
スレッド+スタート
*スレッド#スタート
+プログラムの終了。
#*#+*#+*#+*#+*#+*#+*#+*#+*#+*#+*#+*#+*#+*#+*#+*#+*#+*#+*#+*#+*#+*#+*#+*#+*#+*#+*#+*#+*#+*#+*#+*#
+*#+*#+*#+*#+*#+*#+*#+*#+*#+*#+*#+*#+*#+*#+*#+*#+*#+*#+*#+*#+*#+*#+*#+*#+*#+*#+*#+*#+*#+*#+*#+*#
#+*#+*#+*#+*#+*#+*#+*#+*#+*#+*#+*#+*#+*#+*#+*#+*#+*#+*#+*#+*#+*#+*#+*#+*#+*#+*#+*#+*#+*#+*#+*#
*+*#+*#+*#+*#+*#+*#+*#+*#+*#+*#+*#+*#+*#+*#+*#+*#+*#+*#+*#+*#+
スレッド#終了

スレッド*終了

スレッド+終了

D:\JavaKey\Part3\MThread>
```

Runnable インタフェース

スレッドクラスを定義する別の方法として、Runnable インタフェースを実装するクラスを定義する方法もあります。

Runnable インタフェースを実装するクラスは次の形式で定義します。

```
class MyThread implements Runnable {
  :
}
```

ただし、Java 8 以降はラムダ式を使えるので、上記の形式で明示的に実装したクラスを記述する必要はありません。次の形式でスレッドを生成することができます。

```
Thread th1 = new Thread(() -> (呼び出すメソッド));
th1.start();
```

次の例は、前のサンプルと同じ、文字を 1 個ずつ出力するスレッドを 3 個起動するプログラムをラムダ式を使って書き換えた例です。

リスト 26.2 ● ThreadLabmda.java

```java
public class ThreadLabmda {

  static void printch(char ch) {
    for (int i=0; i<25; i++) {
      System.out.printf("%c", ch);
      try {
        Thread.sleep(30);
      } catch (InterruptedException e) {
        e.printStackTrace();
      }
    }
    System.out.printf("\nスレッド%c終了\n", ch);
  }
```

```java
public static void main(String... args) {

  Thread th1 = new Thread(() -> printch('*'));
  th1.start();

  Thread th2 = new Thread(() -> printch('+'));
  th2.start();

  Thread th3 = new Thread(() -> printch('#'));
  th3.start();

  // 各スレッドが終了するのを待つ
  try {
    th1.join();
    th2.join();
    th3.join();
  } catch (InterruptedException e) {
    e.printStackTrace();
  }
    System.out.println("プログラムの終了。");
  }
}
```

実行結果を示します。

```
D:\JavaKey\Part3\MThread>java ThreadLabmda
*#+*#+#*+#*++*#*+#*+#*+*#+#+#*#*+*+#+*#*#++*##+**+#*#+*#+*+##*++#*#+*+#
スレッド+終了

スレッド#終了

スレッド*終了
プログラムの終了。

D:\JavaKey\Part3\MThread>
```

Executor

Executorによるスレッドプールを使ってこれまでと同じようなことをすることも可能です。

次の例は、これまでのサンプルと同じ、文字を1個ずつ出力するスレッドを3個起動するプログラムをExecutorを使って書き換えた例です。

リスト 26.3 ● Execut.java

```java
import java.util.concurrent.ExecutorService;
import java.util.concurrent.Executors;
import java.util.concurrent.TimeUnit;

class Work {

  void printChar(char ch) {
    try {
      Thread.sleep(20);
      System.out.print(ch);
    } catch (InterruptedException e) {
      e.printStackTrace();
    }
  }

  void exec() {

    System.out.println("スタート");

    ExecutorService exec = Executors.newFixedThreadPool(5);

    for(int i=0;i<10; i++) {
      exec.execute(new Runnable(){public void run(){ printChar('X');}});
      exec.execute(new Runnable(){public void run(){ printChar('+');}});
      exec.execute(new Runnable(){public void run(){ printChar('#');}});
    }

    try {
      exec.awaitTermination(1000, TimeUnit.MILLISECONDS);
    } catch (InterruptedException e) {
      e.printStackTrace();
    }
```

```
      exec.shutdown();
    }
}

public class Execut {

  public static void main(String... args) {

    System.out.println("スタート");

    Work work = new Work();
    work.exec();

    System.out.println("プログラム終了");
  }
}
```

実行結果を示します。

```
D:¥JavaKey¥Part3¥MThread>java Execut
スタート
スタート
X+#X+#X+#X+X#+#X+#X+#X+#X+X##+プログラム終了

D:¥JavaKey¥Part3¥MThread>
```

これまでに示したスレッドを作成して実行する3種類の方法は必要に応じて使い分けることができますが、すでに説明した通り、競合やデッドロックなどの問題を避けるために多大なエネルギーを費やさなければならないことがあります。可能であれば、スレッドを直接作成するのではなく、Stream を使う方法を検討するとよいでしょう。

Topic 27 暗号

データを暗号化するために必要な手段はJavaのライブラリで提供されています。

暗号化の方法

javax.cryptoパッケージおよびそのサブパッケージには、平文を暗号に変換する暗号化と、暗号文を平文に変換する暗号複合のための多数のクラスが提供されています。

Cipherクラスは次のような暗号をサポートします（カッコ内は鍵の長さです）。

- AES/CBC/NoPadding（128）
- AES/CBC/PKCS5Padding（128）
- AES/ECB/NoPadding（128）
- AES/ECB/PKCS5Padding（128）
- DES/CBC/NoPadding（56）
- DES/CBC/PKCS5Padding（56）
- DES/ECB/NoPadding（56）
- DES/ECB/PKCS5Padding（56）
- DESede/CBC/NoPadding（168）
- DESede/CBC/PKCS5Padding（168）
- DESede/ECB/NoPadding（168）
- DESede/ECB/PKCS5Padding（168）
- RSA/ECB/PKCS1Padding（1024、2048）
- RSA/ECB/OAEPWithSHA-1AndMGF1Padding（1024、2048）
- RSA/ECB/OAEPWithSHA-256AndMGF1Padding（1024、2048）

また、Macクラスは次のアルゴリズムをサポートします。

- HmacMD5
- HmacSHA1
- HmacSHA256

登録済み暗号化アルゴリズムのプロバイダのリストはSecurity.getProviders()メソッドで、各プロバイダのアルゴリズムのリストはProvider.getServices()で取得することもできます。

次の例は、現在のシステムでサポートされているアルゴリズムのリストを出力するプログラムの例です。

リスト 27.1 ● CryptArgo.java

```java
import java.security.Provider;
import java.security.Security;
import java.util.Set;

public class CryptArgo {

  public static void main(String[] args) {

    Provider[] providers = Security.getProviders();
    for (Provider p : providers) {
      System.out.println("Provider=" + p.getName());
      Set<Provider.Service> services = p.getServices();
      for (Provider.Service s: services) {
        System.out.println(s.getAlgorithm());
      }
    }
  }
}
```

たとえば次のようなリストが得られます。

```
Provider=SUN
SHA1PRNG
```

```
SHA1withDSA
NONEwithDSA
SHA224withDSA
SHA256withDSA
DSA
MD2
MD5
SHA
SHA-224
   :
Provider=SunJSSE
RSA
RSA
MD2withRSA
MD5withRSA
SHA1withRSA
MD5andSHA1withRSA
SunX509
   :
Blowfish
AES
AES_128/ECB/NoPadding
AES_128/CBC/NoPadding
   :
AESWrap_256
RC2
ARCFOUR
DES
   :
```

Cipher

Cipherクラスを使ってデータを暗号化する手順は単純です。

最初にCipher.getInstance()を使ってCipherクラスのインスタンスを作成します。

`Cipher.getInstance( trans )`

引数の trans には、変換の名前を指定します（さらに引数の多いオーバーロードもあります）。これは、たとえば、AES、AESWrap、Blowfish、DES CBC、PKCS5Padding などです。標準の変換名については、Java 暗号化アーキテクチャ標準アルゴリズム名のドキュメントの Cipher のセクションにあります。

Cipher オブジェクトができたら、Cipher.init() で初期化します。

`Cipher.init(opmode, key)`

引数 opmode にはモード（暗号化には Cipher.ENCRYPT_MODE、復号には Cipher.DECRYPT_MODE など）を、key には暗号化キーを指定します（さらに引数の多いオーバーロードもあります）。

Cipher.doFinal() を呼び出して暗号化または復号します。

ここでは、平文を暗号化したあとで再び平文に戻すプログラムの例を示します。

暗号化は、crypt() という名前のメソッドで行います。このメソッドでは、TextField のテキストを取り出して、Cipher クラスの getInstance() メソッドでインスタンスを作成したのち、モード（Cipher.ENCRYPT_MODE）とキーを指定して Cipher.init() で初期化し、Cipher.doFinal() を呼び出して暗号化します。結果は lblCrypt という名前のラベルに表示します。

```
// 暗号化
void crypt() {
  String plain = txtField.getText();
  try {
    Cipher cipher = Cipher.getInstance("Blowfish");
    cipher.init(Cipher.ENCRYPT_MODE, sksSpec);
    crypted = cipher.doFinal(plain.getBytes());
    lblCrypt.setText(new String(crypted));
  } catch (Exception ex) {
```

```
      ex.printStackTrace();
    }
}
```

　復号はdecrypt()という名前のメソッドで行います。このメソッドでも、Cipher.getInstance()メソッドでインスタンスを作成したのち、Cipher.init()で初期化し、Cipher.doFinal()を呼び出して復号します。

```
// 復号
void decrypt() {
  try {
    Cipher cipher = Cipher.getInstance("Blowfish");
    cipher.init(Cipher.DECRYPT_MODE, sksSpec);
    byte[] decrypted = cipher.doFinal(crypted);
    lblDecrypt.setText(new String(decrypted));
  } catch (Exception ex) {
     ex.printStackTrace();
  }
}
```

　実行可能なプログラム全体は次のようになります。

リスト 27.2 ● CiperDemo.java

```
import javafx.application.Application;
import javafx.geometry.Insets;
import javafx.scene.Scene;
import javafx.scene.control.Button;
import javafx.scene.control.Label;
import javafx.scene.control.TextField;
import javafx.scene.layout.GridPane;
import javafx.stage.Stage;

import javax.crypto.Cipher;
import javax.crypto.spec.SecretKeySpec;

public class CiperDemo extends Application {

  Label lblPlain = new Label("平文");
  TextField txtField = new TextField();
  Button btnCrypt = new Button("暗号化");
  Label lblCrypt = new Label("lblCrypt");
```

```java
Button btnDecrypt = new Button("復号");
Label lblDecrypt = new Label("lblDecrypt");
String key = "keyword";
SecretKeySpec sksSpec = new SecretKeySpec(key.getBytes(), "Blowfish");
byte[] crypted;

// 暗号化
void crypt() {
  String plain = txtField.getText();
  try {
    Cipher cipher = Cipher.getInstance("Blowfish");
    cipher.init(Cipher.ENCRYPT_MODE, sksSpec);
    crypted = cipher.doFinal(plain.getBytes());
    lblCrypt.setText(new String(crypted));
  } catch (Exception ex) {
    ex.printStackTrace();
  }
}

// 復号
void decrypt() {
  try {
    Cipher cipher = Cipher.getInstance("Blowfish");
    cipher.init(Cipher.DECRYPT_MODE, sksSpec);
    byte[] decrypted = cipher.doFinal(crypted);
    lblDecrypt.setText(new String(decrypted));
  } catch (Exception ex) {
     ex.printStackTrace();
  }
}

@Override
public void start(Stage stage) throws Exception {
  stage.setTitle("CiperDemo");
  btnCrypt.setOnAction(event -> crypt());
  btnDecrypt.setOnAction(event-> decrypt());
  GridPane root = new GridPane();
  lblPlain.setPrefWidth(50);
  GridPane.setConstraints(lblPlain, 0, 0);
  txtField.setPrefWidth(250);
  GridPane.setConstraints(txtField, 1, 0);
  GridPane.setConstraints(btnCrypt, 0, 1);
  GridPane.setConstraints(lblCrypt, 1, 1);
  GridPane.setConstraints(btnDecrypt, 0, 2);
```

```
    GridPane.setConstraints(lblDecrypt, 1, 2);
    root.setPadding(new Insets(10, 10, 10, 10));
    root.getChildren().addAll(lblPlain, txtField, btnCrypt,
       lblCrypt, btnDecrypt, lblDecrypt);
    stage.setScene(new Scene(root));
    stage.show();
  }
}
```

このプログラムを実行した例を次に示します。この実行例では、「これは平文です。」という文を［暗号化］ボタンで暗号化して、［復号］ボタンで元の平文に戻す例を示しています。

図 27.1 ● CiperDemo の実行例

Topic 28 JavaScript

Java 8 では、新しい JavaScript のエンジン Nashorn を使って JavaScript を利用できます。

JavaScript の概要

JavaScript は、もともとは HTML で利用するために開発されたスクリプト言語で、HTML ページ（Web ページとも、ホームページと呼ばれることもある）で使われる事実上の標準です。

HTML ファイルに JavaScript のスクリプトを記述するときには、たとえば次のように記述します。

```
<script language="JavaScript">
<!--
  var d = new Date();
  document.write("今日は" + d.getDate() + "日です。");
// -->
</script>
```

これは、「var d = new Date();」でDateオブジェクトを作成してその参照をdという名前の変数（var）に保存し、「document.write("今日は", d.getDate() + "日です。");」のd.getDate()で現在の日を取得し、document.write()で出力する（ブラウザに表示する）という内容のスクリプトです。

HTMLファイルとして記述するなら、たとえば次のようにします。

リスト 28.1 ● jshello.html

```
<!DOCTYPE html>
<!-- jshello.html -->
```

```html
<html lang="ja" xmlns="http://www.w3.org/1999/xhtml" >
<head>
  <meta http-equiv="content-type" content="text/html; charset=utf-8" />
  <title>Java Script sample</title>
  <style>
    body {
      margin: 20px auto;
    }
    p {
      font-size: 20pt;
    }
  </style>
</head>
<body>

  <div style="text-align: center">
    <h1>Hello, JavaScript</h1>
    <p>
      <script language="JavaScript">
      <!--
        var d = new Date();
        document.write("今日は" + d.getDate() + "日です。");
      // -->
      </script>
    </p>
  </div>
</body>
</html>
```

図 28.1 ● JavaScript を使った HTML ファイルの表示例

JavaScript を使わない HTML だけのページの場合は、ページの内容は原則として固定され、表示内容を状況によって変えることはできません（HTML5 の要素を使ってビデオなどを表示することはできますが HTML だけでは原則的に表示される内容は常に同じです）。

JavaScript を使うことによって、この例に示すように、そのページが表示されたときに「今日」の日付を表示することができます。つまり、JavaScript を使うことによって、動的な Web ページを実現できます。

 ほかにも、JavaScript を使うことによって、さまざまな効果を表現したり、ユーザーの入力を検査したり、サーバーから送られた情報などを動的に操作して表示することなど、さまざまなことができます。

なお、スクリプト部分だけを拡張子が .js であるファイルに記述して、実行時に HTML ファイルにロードするようにすることもできます。たとえば、次のような .js ファイルを作成します（BOM なし UTF-8 で保存してください）。

リスト 28.2 ● hello.js

```
// hello.js
var d = new Date();
document.write("今日は" + d.getDate() + "日です。");
```

HTML ファイルは次のように書き換えます。

リスト 28.3 ● jshello2.html

```
<!DOCTYPE html>
<!-- jshello2.html -->

<html lang="ja" xmlns="http://www.w3.org/1999/xhtml" >
<head>
  <meta http-equiv="content-type" content="text/html; charset=utf-8" />
```

```html
    <title>Java Script sample</title>
    <style>
      body {
        margin: 20px auto;
      }
      p {
        font-size: 20pt;
      }
    </style>
  </head>
  <body>

    <div style="text-align: center">
      <h1>Hello, JavaScript</h1>
      <p>
        <script language="JavaScript" src="hello.js">
        </script>
      </p>
    </div>
  </body>
</html>
```

Nashorn

Java 8では、新しいJavaScriptのエンジンNashorn（ナスホーン）を使ってJavaScriptを利用できます。

JavaScriptのスクリプトをほぼそのまま記述できますが、Webブラウザがないので`document`オブジェクトは使えないため、`document.write()`の代わりに`print()`を使います。

たとえば、今日の日付を出力する次のような内容のファイルを作成します。

リスト 28.4 ● today.js

```javascript
// today.js
var d = new Date();
print("今日は" + d.getDate() + "日です。");
```

このプログラムは日本語を使っているので、必ずBOMなしUTF-8で保存してください。

JavaScriptのエンジンNashornのコマンドは`jjs`です。次のように実行します。

```
D:¥JavaKey¥Part3¥js>jjs today.js
今日は21日です。
```

関数として定義して実行することもできます。たとえば、次のような関数定義とそれを呼び出すコードをファイルに記述します。

リスト 28.5 ● jstoday.js

```javascript
// jstoday.js
var today = function() {
  var d = new Date();
  print("今日は" + d.getDate() + "日です。");
};
today();
```

このプログラムも日本語を使っているので、必ずBOMなしUTF-8で保存してください。

JavaScriptのエンジンNashornのコマンドjjsで次のように実行します。

```
D:\JavaKey\Part3\js>jjs jstoday.js
今日は21日です。
```

jjsは、引数なしで起動して、インタープリタとして次のように対話形式でスクリプトを実行することもできます。

```
D:\JavaKey\Part3\js>jjs
jjs> var d = new Date();
jjs> print( d.getDate() );
21
jjs>
```

jjsインタープリタを終了するときには、exit(0)またはquit(0)を実行します。

なお、Java 8 SEでは、JavaScriptのインタープリタとして、jrunscriptも提供されています。

次に使用例を示します。

```
C:>jrunscript
nashorn> print("Hello")
Hello
nashorn> exit(0)

C:>
```

ScriptEngine

　Javaのソースの中にJavaScriptのコードを埋め込んで実行したいときには、`ScriptEngine`を使います。

　次のようにすることで、スクリプトエンジンのインスタンスを作成することができます。

```
ScriptEngineManager em = new ScriptEngineManager();
ScriptEngine engine = em.getEngineByName("nashorn");
```

　実行するJavaScriptのコードは、文字列で関数として記述します。

```
String jscode = "var d = new Date();"
        + "print ('今日は' + d.getDate() + '日です。');";
```

　この例では、Javaのコードの文字列は"（ダブルクォーテーション）で囲み、JavaScriptのコードの文字列は'（シングルクォーテーション）で囲みました。

　JavaScriptのコードの中の文字列も"（ダブルクォーテーション）で囲むなら次のように記述します。

```
String jscode = "var d = new Date();"
        + "print (¥"今日は¥" + d.getDate() + ¥"日です。¥");";
```

　プログラムを実行するには、コードを評価（evaluate）します。

```
engine.eval(jscode);
```

　実行できるプログラムとしてまとめると次のようになります。

リスト 28.6 ● JsInJava1.java

```
import javax.script.ScriptEngine;
import javax.script.ScriptEngineManager;
import javax.script.ScriptException;

public class JsInJava1 {

  public static void main(String[] args) {
```

```java
        String jscode = "var d = new Date();"
                    + "print ('今日は' + d.getDate() + '日です。');";

        ScriptEngineManager em = new ScriptEngineManager();
        ScriptEngine engine = em.getEngineByName("nashorn");
        try {
          engine.eval(jscode);
        } catch (ScriptException e) {
          e.printStackTrace();
        }
      }
    }
```

このプログラムは通常のJavaのプログラムと同じように、javacでコンパイルしてjavaで実行することができます。

```
D:\JavaKey\Part3\js>javac JsInJava1.java

D:\JavaKey\Part3\js>java JsInJava1
今日は21日です。
```

JavaScriptのコードを関数呼び出しとして利用したいときは、文字列で関数として記述します。

```
String jscode = "function printtoday()"
            + "{ var d = new Date();"
            + "return ('今日は' + d.getDate() + '日です。');}";
```

プログラムを実行するには、まずコード全体を評価（evaluate）します。

```
engine.eval(jscode);
```

そして、実行したい関数を実行したい場所で評価します。

```
System.out.println( engine.eval("printtoday();") );
```

実行できるプログラムとしてまとめると次のようになります。

リスト 28.7 ● JsInJava2.java

```java
// JsInJava2.java
import javax.script.ScriptEngine;
import javax.script.ScriptEngineManager;
import javax.script.ScriptException;

public class JsInJava2 {

  public static void main(String[] args) {

    String jscode = "function printtoday()"
                  + "{ var d = new Date();"
                  + "return ('今日は' + d.getDate() + '日です。');}";

    ScriptEngineManager em = new ScriptEngineManager();
    ScriptEngine engine = em.getEngineByName("nashorn");
    try {
      engine.eval(jscode);
      System.out.println( engine.eval("printtoday();") );
    } catch (ScriptException e) {
      e.printStackTrace();
    }
  }
}
```

いくつか条件がありますが、JavaScriptのコードのファイルの中にJavaのコードを挿入して jjs や jrunscript で処理することもできます。たとえば、次のファイルを実行することができます。

リスト 28.8 ● JavaJS.js

```javascript
var msg = "Hello, JavaScript.";

// Java
java.awt.Toolkit.getDefaultToolkit().beep();
java.lang.System.out.println( msg );
```

```
print( msg )
```

ただし、本書執筆時点ではたとえばSystemなどは認識されないので、「System.out.println(msg);」のようなコードはルートパッケージ名から完全修飾の形式で「java.lang.System.out.println(msg);」のように記述しないと実行できません。

実行結果を示します。

```
D:¥JavaKey¥Part3¥js>jjs JavaJS.js
Hello,JavaScript.
Hello,JavaScript.

D:¥JavaKey¥Part3¥js>jrunscript JavaJS.js
Hello,JavaScript.
Hello,JavaScript.
```

JavaScriptのオブジェクト

Javaの中に埋めるコードの中では、JavaScript固有のオブジェクトは認識されません。たとえば、documentオブジェクトを使って次のようなコードを実行しようとすると、documentが見つからない、というエラーメッセージが報告されます。

```
String jscode = "var d = new Date();"
              + "var msg = '今日は' + d.getDate() + '日です。';"
              + "document.write(msg);";
```

残念ながらdocument.write()は意図したようには認識されません。
対処方法としては、document_write()関数を作ってしまうという方法があります。

```
String jscode = "function document_write(a) {
                    java.lang.System.out.print(a);};"
              + "var d = new Date();"
              + "var msg = '今日は' + d.getDate() + '日です。';"
```

```
                        + "document_write(msg);";
```

document_write()関数を使う例を次に示します。

```java
// DocWrite.java
import javax.script.ScriptEngine;
import javax.script.ScriptEngineManager;
import javax.script.ScriptException;

public class DocWrite {

  public static void main(String[] args) {

    String jscode = "function document_write(a) {
                       java.lang.System.out.print(a);};"
                  + "var d = new Date();"
                  + "var msg = '今日は' + d.getDate() + '日です。';"
                  + "document_write(msg);";

    ScriptEngineManager em = new ScriptEngineManager();
    ScriptEngine engine = em.getEngineByName("nashorn");
    try {
      engine.eval(jscode);
    } catch (ScriptException e) {
      e.printStackTrace();
    }
  }
}
```

JavaFX

JavaFXアプリケーションをJavaScriptのスタイルで.jsファイルに記述して、Nashornのコマンドjjsを使ってJavaFXアプリケーションとして実行することもできます。

たとえば、テキストを表示するラベルがあるだけの単純なウィンドウを表示するには、次のようなファイルを作成します。

リスト28.9 ● helloFx.js

```javascript
$STAGE.title = "helloFx";
$STAGE.width = 280;
$STAGE.height = 100;
var lbl = new javafx.scene.control.Label("Hello, JavaFX!");
lbl.alignment = javafx.geometry.Pos.CENTER;
lbl.font = new javafx.scene.text.Font(30);
$STAGE.scene = new javafx.scene.Scene(lbl);
```

$STAGEは、Javaで記述する普通のJavaFXアプリケーションのメソッドstart(Stage stage)の引数stageの値に相当し、JavaFXアプリケーションのメインウインドウオブジェクトと考えてください。

このファイルを実行するときには、Nashornのコマンドjjsのオプション-fxを付けて、次のように実行します。

```
D:\JavaKey\Part3\js>jjs -fx helloFx.js
```

実行結果は次のようになります。

図28.2 ● helloFxの実行例

このような JavaFX アプリケーションでさえスクリプトで記述できますが、スクリプトで JavaFX アプリケーションを作ることを推奨するわけではありません。効率やデバッグの点では、Java で記述する普通の JavaFX アプリケーション（第 2 部参照）として作るほうがよいでしょう。

付 録

付録A　トラブル対策

付録B　Javaのツール

付録

付録A　トラブル対策

一般的なトラブルやコンパイル・実行時のエラーメッセージとその対処などを示します。

A.1　一般的なトラブルとその対処

ここでは Java プログラミングで一般的によく発生する可能性があるトラブルとその対策を示します。

なお、ツールによっては、表示されるメッセージが異なることがあります。

■ javac を実行できない

- Java 8 SE の JDK がインストールされていないと、実行できません。
- JDK がインストールされていても、パスが通っていないと実行できません。パスが通るとは、この場合、環境変数 PATH が、実行可能な javac（Windows では javac.exe）があるディレクトリに設定されているという意味です。
  javac が正しくインストールされているかどうか調べるためには、実際に小さなプログラムを作成してコンパイルしてみるのがいちばんよい方法です。また、コマンドに引数 -version を付けて実行してみるとバージョン番号が表示されることで javac が正しくインストールされていることを確認できます。
  次の例は、Windows 環境で「javac -version」を実行したときの例です。

```
D:¥work>javac -version
javac 1.8.0_31
```

■ パッケージ xxxx.yyy は存在しないと報告される

- パッケージ名を間違っている可能性があります。
- インポートするパッケージ名やファイル名が間違っている可能性があります。

- インポートするファイルの検索パスを正しく指定してください。検索パスを指定するには、`javac` を実行するときにオプション `-classpath` で指定するか、環境変数 CLASSPATH にパスを設定します。

■ class、interface または enum がないと報告される

- ソースファイルの `}`（閉じる大かっこ）の数が多すぎる場合にこのメッセージが出力されます。
- `class` や `interface` の宣言がないか、スペルを間違っている可能性があります。

■ メソッドはスーパータイプのメソッドをオーバーライドまたは実装しないと報告される

- オーバーライドしたメソッドの型や引数の型がスーパークラスのメソッドと異なっています。

■ シンボルを見つけられないと報告される

- 名前が間違っています。タイプミスである可能性が高いですが、勘違いで他の名前をタイプしている可能性もあります。
- インポートするファイル名が間違っている場合にもこのメッセージが出力されます。
- コンストラクタに型を指定すると、コンストラクタとして認識されません。

■ クラス xxx は public であり、ファイル xxx.java で宣言する必要があると報告される

- `public` なクラスは、そのクラス名と同じ名前に拡張子 `.java` を付けたファイル名で保存しなければなりません。ファイル名を変更するか、あるいは、クラス名をファイル名と一致させてください。

■ この文字は、エンコーディング xxx にマップできないと報告される

- 本書執筆時点では、BOM 付き UTF-8 はサポートされていません。ソースファイルを、BOM なしで保存するか、他のエンコーディングで保存してください。

- 他のエンコーディングにファイルを変換するか、オプションでエンコーディングを指定してください。

■ '¥u3000' は不正な文字であると報告される

- 空白にいわゆる全角スペースを使っています。いわゆる半角スペースかタブに置き換えてください。

■ 特定の文字が認識できないと報告される

- ソースファイルが壊れている可能性があります。
- コメントやリテラル文字列以外の場所でいわゆる全角空白や句読点（、。）、その他の日本語文字などを使っている可能性があります。

■ static でないものにアクセスできないと報告でされる

- static でないメソッドやフィールドを static メソッドから参照することはできません。

```
public class test {
  public static void main(String[] args) {
    doSomething();   // staticでなければならない。
    String s = CONST_STR;   // CONST_STR はstaticでなければならない。
  }
}
```

- main() からは、他のオブジェクトを作成して、他の static でないクラスの中で static でないメンバーを使うようにします。

```
class OtherClass {
  void doSomething() {
    // staticでないメンバーを使う。
  };
}

public class test {
  public static void main(String[] args) {
```

```
        OtherClass man = new OtherClass();
        man.doSomething();

    }
}
```

■ **Java をアップデートしたら挙動がおかしくなった**

　　Java の実行時モジュールは、通常、自動的にアップデートを通知するか、自動的にアップデートするようになっています。しかし、それでアップデートされるのは実行環境だけであり、開発環境である Java SDK は自動的にはアップデートされません。Java SDK もアップデートして、環境変数や IDE などのツールの設定を必要に応じて変更してください。

A.2　実行時のトラブルとその対処

　　ここではプログラム実行時によく起こりうるトラブルとその対処方法を説明します。

■ **java を実行できない**

- java がインストールされていないと、実行できません。
- java がインストールされていても、パスが通っていないと実行できません。パスが通るとは、この場合、環境変数 PATH が、実行可能な java（Windows では java.exe）があるディレクトリに設定されているという意味です。

　　java が正しくインストールされているかどうか調べるためには、コマンドに引数 -version を付けて実行してみるとバージョン番号が表示されることで java が正しくインストールされていることを確認できます。

　　次の例は、Windows 環境で「java -version」を実行したときの例です。

```
D:¥work>java -version
java version "1.8.0_31"
Java(TM) SE Runtime Environment (build 1.8.0_31-b13)
Java HotSpot(TM) 64-Bit Server VM (build 25.31-b07, mixed mode)
```

■ プロローグにはコンテンツを指定できないと報告される

- FXML ファイルや CSS ファイルを BOM 付きで保存するとこのように報告されます。ソースファイルを BOM なし UTF-8 で保存してください。
- ファイルの先頭に XML や CSS の要素以外のものが記述されています。削除してください。

■ 表示される文字がおかしい

- オプション -encoding <encoding> を使ってソースファイルの文字エンコーディングを指定してください。
- 標準文字エンコーディングが異なるシステムでは、ソースファイルを適切な文字コードに変換しなければ、ソースをコンソールに表示したときなどにいわゆる文字化けが発生することがあります。その場合は、文字エンコーディングを変換してください。
UNIX 環境ではコードの変換にコマンド nkf を使うことができます。たとえば、シフト JIS のソースプログラムを EUC に変換するときには、次のようにします。

```
$ nkf -e file.sjis > file.euc
```

- 本書執筆時点では、FXML ファイルと CSS ファイルは BOM なし UTF-8 で保存する必要があります。

■ 例外が発生してプログラムが途中で停止する

- 例外が発生した原因を調べて、例外が発生しないようにしてください。
- 例外を処理するコードを記述することで、復帰できるようにすることができます。

■ ファイルにアクセスできない

- Windows はパスのデリミタとして、スラッシュ（/）と円記号（¥）の両方を使うことができます。しかし、UNIX では、パス名やファイル名を表す文字列でデリミタとしてスラッシュしか使えません。
- 大文字／小文字が違っている可能性があります。UNIX では大文字／小文字を区別します。Windows の FAT ファイルシステムでは大文字／小文字を区別しませ

ん。Windows NT/2000 でインストール可能な NTFS では、ディレクトリ一覧については大文字／小文字を区別しますが、ファイル検索などのシステム操作では大文字／小文字を無視します。

ファイルの属性をチェックしてください。ファイルやディレクトリへのアクセス権がなければアリセスできません。

■ ネットワークプログラムがつながらない

- セキュリティソフトウェアを使っている場合、設定を変更する必要がある場合があります。
- ホスト名とポート番号が適切であるか調べてください。ポート番号はサーバーとクライアントで一致させる必要があります。

付録 B　Javaのツール

ここでは、Javaプログラム開発で頻繁に使うツールの概要を示します。

ここに示すツールは基本的にはWindows上とUNIX系のOS上の両方に用意されています。

B.1　javac

機能

Javaソースプログラムをコンパイルします。

書式

```
javac [-options] source_files
```

解説

Javaのソースファイル（.java）は javac でコンパイルします。

javac の主なオプションは次のとおりです。

表 B.1 ● javac の主なコマンドオプション

オプション	機能
-g	すべてのデバッグ情報を生成する。
-g:none	デバッグ情報を生成しない。
-g:{lines,vars,source}	いくつかのデバッグ情報のみを生成する。
-nowarn	警告を発生させない。
-verbose	コンパイラの動作についてメッセージを出力する。
-deprecation	非推奨のAPIが使用されているソースの場所を出力する。
-classpath <path>	ユーザークラスファイルと注釈プロセッサを検索する位置を指定する。
-cp <path>	ユーザークラスファイルと注釈プロセッサを検索する位置を指定する。
-sourcepath <path>	入力ソースファイルを検索する位置を指定する。

オプション	機能
-bootclasspath <path>	ブートストラップクラスパスの場所をオーバーライドする。
-extdirs <dirs>	インストール済み拡張機能の場所をオーバーライドする。
-endorseddirs <dirs>	推奨規格パスの場所をオーバーライドする。
-proc:{none,only}	注釈処理やコンパイルを実行するかどうかを制御する。
-processor <class1>[,<class2>,<class3>...]	実行する注釈プロセッサの名前を指定する。
-processorpath <path>	注釈プロセッサを検索する位置を指定する。
-parameters	メソッドパラメータにリフレクション用のメタデータを生成する。
-d <directory>	生成されたクラスファイルを保存する位置を指定する。
-s <directory>	生成されたソースファイルを保存する場所を指定する。
-h <directory>	生成されたネイティブヘッダーファイルを保存する場所を指定する。
-implicit:{none,class}	暗黙的に参照されるファイルについてクラスファイルを生成するかどうかを指定する。
-encoding <encoding>	ソースファイルの文字エンコーディングを指定する。
-source <release>	指定されたリリースとソースの互換性を保つ。
-target <release>	特定の VM バージョン用のクラスファイルを生成する。
-profile <profile>	使用されている API が指定したプロファイルで使用可能かどうかを確認する。
-version	バージョン情報を出力する。
-help	標準オプションの概要を出力する。
-Akey[=<value>]	注釈プロセッサに渡されるオプションを指定する。
-X	非標準オプションの概要を出力する。
-J<flag>	<flag> を実行システムに直接渡す
-Werror	警告が発生した場合にコンパイルを終了する。
@<filename>	ソースファイル名を記述したファイルの名前を指定する。

B.2 java

機能

Javaのプログラムを実行します。

書式

```
java [-options] class [args...]          (クラスを実行する場合)
java [-options] -jar jarfile [args...]   (jarファイルを実行する場合)
```

解説

Javaのクラスまたはjarファイルを実行します。

主なオプションを次の表に示します。

表 B.2 ● java の主なオプション

オプション	解説
-d32	使用可能な場合は32ビットのデータモデルを使用する。
-d64	使用可能な場合は64ビットのデータモデルを使用する。
-server	"server" VMを選択する場合、デフォルトVMはserverにする。
-cp \<path>	クラスの検索パスを指定する。
-classpath \<path>	クラスの検索パスを指定する。
-D\<name>=\<value>	システムプロパティを設定する。
-verbose:[class|gc|jni]	詳細な出力を行う
-version	バージョンを出力して終了する。
-version:\<value>	指定したバージョンで実行する。
-showversion	バージョンを出力して続行する。
-jre-restrict-search | -no-jre-restrict-search	ユーザーのプライベートJREをバージョン検索に含める／除外する。
-? | -help	ヘルプメッセージを出力する。
-X	非標準オプションに関するヘルプを出力する。
-ea[:\<packagename>...|:\<classname>]	指定した粒度でアサーションを有効にする。
-enableassertions[:\<packagename>...|:\<classname>]	指定した粒度でアサーションを有効にする。
-da[:\<packagename>...|:\<classname>]	指定した粒度でアサーションを無効にする。
-disableassertions[:\<packagename>...|:\<classname>]	指定した粒度でアサーションを無効にする。

オプション	解説
-esa | -enablesystemassertions	システムアサーションを有効にする。
-dsa | -disablesystemassertions	システムアサーションを無効にする。
-agentlib:<libname>[=<options>]	ネイティブエージェントライブラリ <libname> をロードする。
-agentpath:<pathname>[=<options>]	フルパス名でネイティブエージェントライブラリをロードする。
-javaagent:<jarpath>[=<options>]	Java プログラミング言語エージェントをロードする。
-splash:<imagepath>	指定したイメージでスプラッシュ画面を表示する。

B.3 jjs

機能

JavaScript のプログラムを実行します。

書式

```
jjs [-options] files [-- arguments]
```

解説

JavaScript のファイルを実行します。

対話形式でスクリプトを実行することもできます。例を次に示します。

```
D:¥JavaKey¥Part3¥js>jjs
jjs> print ("Hello");
Hello
jjs> exit(0);
D:¥JavaKey¥Part3¥js>
```

主なオプションを次の表に示します。

表 B.3 ● jjs の主なオプション

オプション	解説
-D	-D<name>=<value> の形式でシステムプロパティを設定する。
-cp <path>	クラスパスを指定する。
-classpath <path>	クラスパスを指定する。
-doe	エラーでスタックトレースを出力する(デフォルトは false)。
-dump-on-error	エラーでスタックトレースを出力する(デフォルトは false)。
-fv	Nashorn の完全なバージョン情報を出力する(デフォルトは false)。
-fullversion	Nashorn の完全なバージョン情報を出力する(デフォルトは false)。
-fx	スクリプトを FX アプリケーションとして起動する(デフォルトは false)。
-h	ヘルプを出力する(デフォルトは false)。
-help	ヘルプを出力する(デフォルトは false)。
-scripting	スクリプティング機能を有効にする(デフォルトは false)。
-strict	スクリプトを strict(厳格)モードで実行する(デフォルトは false)。
-t	スクリプトを実行するタイムゾーンを指定する(デフォルトは Asia/Tokyo)。
-timezone	スクリプトを実行するタイムゾーンを指定する(デフォルトは Asia/Tokyo)。
-v	Nashorn のバージョン情報を出力する(デフォルトは false)。
-version	Nashorn のバージョン情報を出力する(デフォルトは false)。

B.4 jrunscript

機能

コマンド行スクリプトシェルです。

書式

```
jrunscript [-options] [arguments...]
```

解説

対話型モードとバッチモードをサポートする、コマンド行スクリプトシェルです。デフォルトの言語は JavaScript です。

jrunscript の主なオプションを次の表に示します。

表 B.4 ● jrunscript の主なオプション

オプション	解説
-classpath <path>	クラスファイルの検索パスを指定する。
-cp <path>	クラスファイルの検索パスを指定する。
-D<name>=<value>	システムプロパティを設定する。
-J<flag>	実行時システムに <flag> を直接渡す。
-l <language>	使用するスクリプト言語を指定する。
-e <script>	指定したスクリプトを評価する。
-encoding <encoding>	スクリプトファイルで使用する文字エンコーディングを指定する。
-f <script file>	指定したスクリプトファイルを評価（実行）する。
-f -	対話モードで実行する。
-help	ヘルプを表示する。
-?	ヘルプを表示する。
-q	使用可能なスクリプトエンジンを表示して終了する。

B.5 jar

機能

Javaのファイルをアーカイブしたり展開します。

書式

```
jar -{ctxui}[vfmn0Me] [jar-file] [manifest-file] [entry-point]
  [-C dir] files ...
```

解説

クラスファイルをアーカイブにしたり、アーカイブからファイルを抽出します。
jarの主なオプションを次の表に示します。

表 B.5 ● jar の主なオプション

オプション	解説
-c	アーカイブを新規作成する。
-t	アーカイブの内容を一覧表示する。
-x	指定したファイルまたはすべてのファイルをアーカイブから抽出する。
-u	既存アーカイブを更新する。
-i	指定のjarファイルの索引情報を生成する。
-v	標準出力に詳細な出力を生成する。
-f	アーカイブファイル名を指定する。
-m	指定のマニフェストファイルからマニフェスト情報を取り込む。
-n	新規アーカイブの作成後にPack200正規化を実行する。
-0	格納のみ。ZIP圧縮を使用しない。
-M	エントリのマニフェストファイルを作成しない。
-e	実行可能jarファイルにバンドルされたスタンドアロン・アプリケーションのエントリポイントを指定する。
-C	指定のディレクトリに変更し、次のファイルを取り込む。ファイルがディレクトリの場合は再帰的に処理される。

たとえば、二つのクラスファイルをアーカイブclasses.jarに保存するときは次のようにします。

```
> jar cvf classes.jar Foo.class Bar.class
```

B.6 javah

機能

Javaクラスに対してCのネイティブメソッドのためのヘッダーファイルを生成します。

書式

```
javah [-options] classes
```

解説

Javaクラスに対してCのネイティブメソッドのためのヘッダーファイルを生成します。classesは完全修飾名（java.lang.Objectなど）で指定します。

javahのオプションを次の表に示します。

表B.6 ● javahのオプション

オプション	解説
-o <file>	出力ファイルを指定する（-dか-oのどちらか一方を使う）。
-d <dir>	出力ディレクトリを指定する（-dか-oのどちらか一方を使う）。
-v	詳細な出力を行う。
-verbose	詳細な出力を行う。
-h	ヘルプメッセージを出力する。
--help	ヘルプメッセージを出力する。
-?	ヘルプメッセージを出力する。
-version	バージョン情報を出力する。
-jni	JNI形式のヘッダーファイルを生成する（デフォルト）。
-force	常に出力ファイルを書き込む。
-classpath <path>	クラスをロードするパスを指定する。
-cp <path>	クラスをロードするパスを指定する。
-bootclasspath <path>	ブートストラップクラスをロードするパスを指定する。

B.7 javadoc

機能

Java ソースファイルからドキュメントを生成します。

書式

```
javadoc [-options] [packagenames] [sourcefiles] [@files]
```

解説

Java のソースファイル（.java ファイル）の中の宣言と文書を解析し、クラスや内部クラス、インターフェース、コンストラクタ、メソッド、フィールドを説明する HTML ページを生成します。

javadoc の主なオプションを次の表に示します。

表 B.7 ● javadoc の主なオプション

オプション	解説
-overview <file>	HTML ファイルから概要ドキュメントを読み込む。
-public	public クラスとメンバーのみを出力する。
-protected	protected/public クラスとメンバーを出力する（デフォルト）。
-package	package/protected/public クラスとメンバーを出力する。
-private	すべてのクラスとメンバーを出力する。
-help	オプションを表示して終了する。
-doclet <class>	代替 doclet を介して出力を生成する。
-docletpath <path>	doclet クラスファイルを探す場所を指定する。
-sourcepath <pathlist>	ソースファイルのある場所を指定する。
-classpath <pathlist>	ユーザークラスファイルのある場所を指定する。
-cp <pathlist>	ユーザークラスファイルのある場所を指定する。
-exclude <pkglist>	除外するパッケージリストを指定する。
-subpackages <subpkglist>	再帰的にロードするサブパッケージを指定する。
-breakiterator	BreakIterator で最初の文を計算する。
-bootclasspath <pathlist>	ブートストラップクラスローダーによりロードされたクラスファイルの場所をオーバーライドする。
-source <release>	指定されたリリースとソースの互換性を提供する。
-extdirs <dirlist>	インストールされた拡張機能の場所をオーバーライドする。
-verbose	javadoc の動作についてメッセージを出力する。

オプション	解説
-locale <name>	使用するロケールを指定する。
-encoding <name>	ソースファイルのエンコーディング名を指定する。
-quiet	状態メッセージを表示しない。
-J<flag>	<flag> を実行時システムに直接渡す。
-X	非標準オプションの概要を出力し終了する。

javadoc の標準の doclet が提供する主なオプションを次の表に示します。

表 B.8 ● javadoc の標準の doclet が提供する主なオプション

オプション	解説
-d <directory>	出力ファイルの転送先ディレクトリを指定する。
-use	クラスとパッケージの使用ページを作成する。
-version	@version パラグラフを含める。
-author	@author パラグラフを含める。
-docfilessubdirs	doc-file サブディレクトリを再帰的にコピーする。
-splitindex	1 字ごとに 1 ファイルに索引を分割する。
-windowtitle <text>	ドキュメント用のブラウザウィンドウタイトル
-doctitle <html-code>	概要ページにタイトルを含める。
-header <html-code>	各ページにヘッダーを含める。
-footer <html-code>	各ページにフッターを含める。
-top <html-code>	各ページに上部テキストを含める。
-bottom <html-code>	各ページに下部テキストを含める。
-link <url>	<url> に javadoc 出力へのリンクを作成する。
-linkoffline <url> <url2>	<url2> にあるパッケージリストを使って <url> の docs にリンクする。
-excludedocfilessubdir <name1>:...	指定された名前の doc-files サブディレクトリをすべて除外する。
-group <name> <p1>:<p2>..	指定するパッケージを概要ページにおいてグループ化する。
-nocomment	記述およびタグを抑制して宣言のみを生成する。
-nodeprecated	@deprecated 情報を除外する。
-noqualifier <name1>:<name2>:...	出力から修飾子のリストを除外する。
-nosince	@since 情報を除外する。
-notimestamp	非表示のタイムスタンプを除外する。
-nodeprecatedlist	非推奨のリストを生成しない。
-notree	クラス階層を生成しない。

オプション	解説
`-noindex`	索引を生成しない。
`-nohelp`	ヘルプリンクを生成しない。
`-nonavbar`	ナビゲーションバーを生成しない。
`-serialwarn`	`@serial` タグに関する警告を生成する。
`-tag <name>:<locations>:<header>`	単一の引数を持つカスタムタグを指定する。
`-taglet`	タグレットの完全修飾名を登録する。
`-tagletpath`	タグレットのパスを登録する。
`-charset <charset>`	生成されるドキュメントのクロスプラットフォームでの文字エンコーディングを指定する。
`-helpfile <file>`	ヘルプリンクのリンク先ファイルを含める。
`-linksource`	HTML 形式でソースを生成する。
`-sourcetab <tab length>`	ソース内のタブの空白文字の数を指定する。
`-keywords`	HTML の meta タグに、パッケージ、クラスおよびメンバーの情報を含める。
`-stylesheetfile <path>`	生成されたドキュメントのスタイル変更用ファイル。
`-docencoding <name>`	出力の文字エンコーディングを指定する。

B.8 Eclipse

機能

プログラム開発に役立つ IDE（統合開発環境）です。

解説

さまざまな言語のプログラム開発に役立つ IDE（統合開発環境）で、Java で作成されたプログラムです。

Java で開発する際の事実上の標準と言ってよいですが、Java を中心にさまざまな言語での開発を行う開発者にも適切でしょう。

さまざまなプラグインを利用することができます。特に、バグを検出する FindBugs はインストールするとよいでしょう。

また、Spring Framework 用に構成された STS（Spring Tool Suite）などさまざまなツールのベースにもなっています。

B.9 NetBeans

機能

Javaのプログラム開発に役立つIDEです。

解説

　無償で使用できるオープンソースソフトウェアのIDE（統合開発環境）で、Javaで作成されたプログラムです。Java SEやJava EEの新しいバージョンがリリースされるたびに同時にそれらの機能に対応した新しいバージョンがリリースされるので、最新機能を活用したい場合にも最適です。

　Java以外の開発にも使えますが、Javaのプログラムを開発するには最適な選択肢のひとつでしょう。

B.10 Spring Framework

　Javaプログラム開発のための代表的なフレームワークです。Javaプログラムの開発のためのさまざまなコンポーネントを、独立性を保ちながら有機的に結合させて開発を支援するツールです。Webアプリケーションや大規模な開発に適しています。

索引

記号・数字

%%	21
%A	21
%a	21
%C	21
%c	21
%d	21
%E	21
%e	21
%f	21
%G	21
%g	21
%o	21
%S	21
%s	21
%T	21
%t	21
%X	21
%x	21
&&	17
? :	19
@Override	14
+	250
<>	7
==	85, 87, 89, 97
_	20
{ }	8
||	17
0	20
0B	20
0b	20
0X	20
0x	20
2進数	20
3項演算子	19
8進数	20
8進数で出力	21
10進数	20
10進数で出力	21
16進数	20
16進数で出力	21
16進浮動小数点数として出力	21

A

abs( )	87
Accordion クラス	136
add( )	76
addAll( )	76, 81
addExact( )	122
adjustInto( )	39, 41, 43, 46
AllayList クラス	75
allMatch( )	67
AnchorPane クラス	144
AND	17
Animation クラス	
anyMatch( )	67
append( )	250
ArcTo クラス	159
Arc クラス	159
ArrayDeque クラス	75
ArrayList クラス	74, 254
asLifoQueue( )	81
atDate( )	43
atOffset( )	39, 43, 46
atStartOfDay( )	41
atTime( )	41
atZone( )	39, 46
AudioClip クラス	207

audioSpectrumIntervalProperty( ) 203
audioSpectrumListenerProperty( ) 203
audioSpectrumNumBandsProperty( ) 203
audioSpectrumThresholdProperty( ) 203
autoPlayProperty( ) 203
autoReverseProperty( ) 191
availableProcessors( ) 243

B

BackgroundFill クラス 144
BackgroundImage( ) 150
BackgroundImage クラス 144
BackgroundPosition クラス 144
BackgroundSize クラス 144
Background クラス 144
balanceProperty( ) 203
beep( ) 210
BigDecimal クラス 26
binarySearch( ) 81
Boolean クラス 25
BorderImage クラス 144
BorderPane クラス 144
BorderStrokeStyle クラス 144
BorderStroke クラス 144
BorderWidths クラス 144
Border クラス 144
Box クラス 159
bufferProgressTimeProperty( ) 203
builder( ) 67
Button クラス 132, 136

C

Calender クラス 37
Canvas クラス 162
cbrt( ) 122
CheckBox クラス 136
checkedCollection( ) 81
checkedList( ) 81
checkedMap( ) 81

checkedNavigableMap( ) 81
checkedNavigableSet( ) 81
checkedQueue( ) 81
checkedSet( ) 81
checkedSortedMap( ) 81
checkedSortedSet( ) 81
CheckMenuItem クラス 136
ChoiceBox クラス 136
chronos パッケージ 52
Cipher クラス 269, 272
Circle クラス 159
clear( ) 76
Clock クラス 37
close( ) 67
ClosePath クラス 159
collect( ) 67
Collections クラス 81
ColorPicker クラス 136
ColumnConstraints クラス 144
ComboBox クラス 136
compare( ) 24
compareTo( ) 39, 41, 43, 46, 69, 97
compareToIgnoreCase( ) 70
compile( ) 112, 116
concat( ) 67
ConstraintsBase クラス 144
contains( ) 76
containsAll( ) 76
contentEquals( ) 95
ContextMenu クラス 136
copy( ) 81, 216
copySign( ) 123
CornerRadiiConverter クラス 144
CornerRadii クラス 144
cosh( ) 123
count( ) 67
createDirectories( ) 216
createFile( ) 216
createLink( ) 216

createSymbolicLink( )	216
createTempDirectory( )	216
createTempFile( )	216
CSS	174, 176
CSS（FXML ファイル）	182
CubicCurveTo クラス	159
CubicCurve クラス	159
currentCountProperty( )	204
currentRateProperty( )	191, 204
currentTimeProperty( )	191, 204
CustomMenuItem クラス	136
cycleCountProperty( )	191, 204
cycleDurationProperty( )	191, 204
Cylinder クラス	159

D

DatePicker クラス	136
Date クラス	37
DayOfWeek 型	38
Debug クラス	248
decrementExact( )	123
deepEquals( )	24
default	101
default メソッド	101
delayProperty( )	191
delete( )	216
deleteIfExists( )	216
DirectoryChooser クラス	152
disjoint( )	81
dispose( )	204
distinct( )	67
DoubleStream インタフェース	72
Double クラス	121
drawImage( )	165
Duration クラス	37

E

Eclipse	306
Ellipse クラス	159
empty( )	56, 67
emptyEnumeration( )	81
emptyIterator( )	81
emptyList( )	81
emptyListIterator( )	81
emptyMap( )	81
emptyNavigableMap( )	81
emptyNavigableSet( )	81
emptySet( )	81
emptySortedMap( )	81
emptySortedSet( )	81
enumeration( )	82
EnumMap クラス	33
EnumSet クラス	33
enum 型	29
enum クラス	29
equals( )	24, 39, 41, 43, 46, 56, 76, 90, 93, 97
errorProperty( )	204
exec( )	232
Executor インタフェース	267
exists( )	216
exit( )	235
expm1( )	123
ExtensionFilter クラス	152

F

FadeTransition クラス	188
FileChooser クラス	152
Files クラス	216
fill( )	82, 165
fillArc( )	165
fillOval( )	165
fillPolygon( )	165
fillRect( )	165
fillRoundRect( )	165
fillText( )	165
FillTransition クラス	188
filter( )	56, 57, 67
find( )	112, 216

findAny( )	67	getDayOfMonth( )	41, 46
findFirst( )	67	getDayOfWeek( )	41, 46
flatMap( )	56, 67	getDayOfYear( )	41, 46
flatMapToDouble( )	67	getDefaultToolkit( )	237
flatMapToInt( )	67	getDelay( )	191
flatMapToLong( )	67	getDesktopProperty( )	237
Float クラス	121	getEpochSecond( )	39
floorDiv( )	123	getEra( )	41
floorMod( )	123	getError( )	204
FlowPane クラス	144, 146, 149	getExponent( )	124
forEach( )	3, 67, 69	getExponent( )	124
forEachOrdered( )	67	getFileAttributeView( )	216
format( )	21, 43, 46, 41	getFileStore( )	216
for 文	2, 6	getHour( )	44, 46
freeMemory( )	234	getKeyFrames( )	191
frequency( )	82	getLastModifiedTime( )	217
from( )	39, 41, 43, 46	getLong( )	39, 41, 44, 46
FXML	168	getMedia( )	204
		getMinute( )	44, 46

G

gc( )	234	getMonth( )	41, 46
generate( )	67	getMonthValue( )	41, 46
get( )	39, 41, 44, 46, 56, 76	getNano( )	39, 44, 46
getAttribute( )	216	getOnEndOfMedia( )	204
getAudioEqualizer( )	204	getOnError( )	204
getAudioSpectrumInterval( )	204	getOnFinished( )	191
getAudioSpectrumListener( )	204	getOnHalted( )	204
getAudioSpectrumNumBands( )	204	getOnMarker( )	204
getAudioSpectrumThreshold( )	204	getOnPaused( )	204
getBalance( )	204, 207	getOnPlaying( )	204
getBufferProgressTime( )	204	getOnReady( )	204
getChronology( )	41	getOnRepeat( )	204
getColorModel( )	237	getOnStalled( )	205
getCuePoints( )	191	getOnStopped( )	205
getCurrentCount( )	204	getOwner( )	217
getCurrentRate( )	191, 204	getPan( )	207
getCurrentTime( )	191, 204	getPosixFilePermissions( )	217
getCycleCount( )	191, 204, 207	getPriority( )	207
getCycleDuration( )	191, 204	getRate( )	191, 205, 207
		getScreenInsets( )	237

getScreenResolution( )	237
getScreenSize( )	237
getSecond( )	44, 46
getSource( )	207
getStartTime( )	205
getStatus( )	191, 205
getStopTime( )	205
getTargetFramerate( )	191
getTotalDuration( )	191, 205
getVolume( )	205, 207
getYear( )	41, 46
GraphicsContext クラス	165
GridPane クラス	144, 147
GUI ツールキット	126

H

halt( )	235
hash( )	24
hashCode( )	24, 41, 44, 46, 56, 76
HashMap クラス	75
HashSet クラス	75
HBox クラス	144, 146
HLineTo クラス	159
Hyperlink クラス	136
hypot( )	123

I

I/O	216
ifPresent( )	55, 56, 57
incrementExact( )	123
indexOf( )	76
indexOfSubList( )	82
Instant クラス	37, 39, 121
IntStream インタフェース	72
isAfter( )	39, 41, 44, 46
isAutoPlay( )	205
isAutoReverse( )	191
isBefore( )	39, 41, 44, 46
isDirectory( )	217

isEmpty( )	76
isEqual( )	41, 46
isExecutable( )	217
isHidden( )	217
isLeapYear( )	41
isMute( )	205
isNull( )	23, 24
isParallel( )	67
isPlaying( )	207
isPresent( )	56
isReadable( )	217
isRegularFile( )	217
isSameFile( )	217
isSupported( )	39, 41, 44, 46
isSymbolicLink( )	217
isWritable( )	217
iterate( )	67
iterator( )	67, 76

J

JapaneseDate クラス	52
JapaneseEra クラス	52
jar コマンド	302
java.time パッケージ	37
javac コマンド	296
javadoc コマンド	304
JavaFX	126, 287
javah コマンド	303
JavaScript	276
java コマンド	298
jjs コマンド	280, 299
JobSettings クラス	211
join( )	119
jrunscript コマンド	285, 301
jumpTo( )	191

L

Label クラス	132, 136, 138
lastIndexOf( )	76

lastIndexOfSubList( )	82
layout パッケージ	144
lengthOfMonth( )	41
lengthOfYear( )	41
limit( )	67
lines( )	217, 221
lineTo( )	165
LineTo クラス	159
Line クラス	159
LinkedHashMap クラス	75
LinkedHashSet クラス	75
LinkedList クラス	74, 75, 254
list( )	82, 217
listIterator( )	76
ListView クラス	136
List インタフェース	74, 76
LocalDateTime クラス	37, 46
LocalDate クラス	37, 41
LocalTime クラス	37, 43
log10( )	122
log1p( )	123
long	123
LongStream インタフェース	72
Long クラス	121

M

Mac クラス	270
map( )	56, 67
mapToDouble( )	68
mapToInt( )	68
mapToLong( )	68
Map インタフェース	74
matcher( )	112
Matcher クラス	112, 114
Math クラス	122
max( )	68, 82, 121
maxMemory( )	234
MediaPlayer クラス	199, 202
MediaView クラス	199
Media クラス	199
MenuBar クラス	136, 138
MenuButton クラス	136
MenuItem クラス	136, 138
Menu クラス	136
MeshView クラス	159
Mesh クラス	159
min( )	68, 82, 121
minus( )	39, 41, 44, 46
minusDays( )	46
minusHours( )	44, 46
minusMillis( )	39
minusMinutes( )	44, 46
minusMonths( )	41, 46
minusNanos( )	39, 44, 47
minusSeconds( )	40, 44, 47
minusWeeks( )	42, 47
minusYears( )	42, 47
MonthDay クラス	37
Month 型	38
move( )	217
moveTo( )	165
MoveTo クラス	159
multiplyExact( )	122, 123
muteProperty( )	205

N

nanoTime( )	34
Nashorn	280
nCopies( )	82
negateExact( )	123
NetBeans	307
newBufferedReader( )	217
newBufferedWriter( )	217
newByteChannel( )	217
newDirectoryStream( )	217
newInputStream( )	217
newOutputStream( )	217
newSetFromMap( )	82

nextAfter( )	124
nextDown( )	124
nextUp( )	124
noneMatch( )	68
nonNull( )	24
notExists( )	217
now( )	39, 40, 42, 44, 47
null	23, 54

O

Objects クラス	24
Object クラス	24
of( )	42, 44, 47, 56, 68
ofEpochDay( )	42
ofEpochMilli( )	40
ofEpochSecond( )	47
OffsetDateTime クラス	37
OffsetTime クラス	37
ofInstant( )	47
ofNanoOfDay( )	44
ofNullable( )	55, 56
ofSecondOfDay( )	44
ofYearDay( )	42
onClose( )	68
onEndOfMediaProperty( )	205
onErrorProperty( )	205
onFinishedProperty( )	191
onHaltedProperty( )	205
onMarkerProperty( )	205
onPausedProperty( )	205
onPlayingProperty( )	205
onReadyProperty( )	205
onRepeatProperty( )	205
onStalledProperty( )	205
onStoppedProperty( )	205
OptionalDouble クラス	59
OptionalInt クラス	59
OptionalLong クラス	59
Optional クラス	25, 54

OR	17
orElse( )	56
orElseGet( )	56
orElseThrow( )	56

P

PageLayout クラス	211
PageRange クラス	211
Pagination クラス	136
Pane クラス	144
PaperSource クラス	211
Paper クラス	211
parallel( )	68
parallelStream( )	66, 72
ParallelTransition クラス	188
parse( )	40, 42, 44, 47
PasswordField クラス	136
PathElement クラス	159
PathTransition クラス	188
Path クラス	159
Pattern クラス	112
pause( )	191, 205
PauseTransition クラス	188
peek( )	68
Period クラス	38
play( )	191, 205, 207
playFrom( )	192
playFromStart( )	192
plus( )	40, 42, 44, 47
plusDays( )	42, 47
plusHours( )	44, 47
plusMillis( )	40
plusMinutes( )	44, 47
plusMonths( )	42, 47
plusNanos( )	40, 44, 47
plusSeconds( )	40, 45, 47
plusWeeks( )	42, 47
plusYears( )	42, 47
Polygon クラス	159

Polyline クラス	159
PrinterAttributes クラス	211
PrinterJob クラス	211, 212
Printer クラス	211
printf( )	20
PrintResolution クラス	211
print パッケージ	211
probeContentType( )	217
ProgressBar クラス	136
ProgressIndicator クラス	136
public abstruct	105
public static final	28, 105
public でないクラス	98

Q

QuadCurveTo クラス	159
QuadCurve クラス	159
quadraticCurveTo( )	165
query( )	40, 42, 45, 47

R

RadioButton クラス	136
RadioMenuItem クラス	136
range( )	40, 42, 45, 47
rateProperty( )	192, 205
readAllBytes( )	217
readAllLines( )	217
readAttributes( )	217
readSymbolicLink( )	217
Rectangle クラス	159
reduce( )	68
Region クラス	144
remove( )	76
removeAll( )	76
replaceAll( )	76, 82, 114
replaceFirst( )	114
requireNonNull( )	24
retainAll( )	76
reverse( )	82

reverseOrder( )	82
rotate( )	82
RotateTransition クラス	188
RowConstraints クラス	144
Runnable インタフェース	265
Runtime クラス	232

S

scalb( )	124
ScaleTransition クラス	188
ScriptEngine インタフェース	282
ScrollBar クラス	136
ScrollPane クラス	137
seek( )	205
SeparatorMenuItem クラス	137
Separator クラス	137
sequential( )	68
SequentialTransition クラス	188
ServerSocket クラス	224
set( )	76
setAttribute( )	217
setAudioSpectrumInterval( )	206
setAudioSpectrumListener( )	206
setAudioSpectrumNumBands( )	206
setAudioSpectrumThreshold( )	206
setAutoPlay( )	206
setAutoReverse( )	192
setBalance( )	206, 207
setCycleCount( )	192, 206, 207
setCycleDuration( )	192
setDelay( )	192
setLastModifiedTime( )	217
setMute( )	206
setOnEndOfMedia( )	206
setOnError( )	206
setOnFinished( )	192
setOnHalted( )	206
setOnMarker( )	206
setOnPaused( )	206

索引

setOnPlaying( ) 206
setOnRepeat( ) 206
setOnStalled( ) 206
setOnStopped( ) 206
setOwner( ) 217
setPan( ) 207
setPosixFilePermissions( ) 217
setPriority( ) 207
setRate( ) 192, 206, 207
setStartTime( ) 206
setStatus( ) 192
setStopTime( ) 206
setVolume( ) 206, 207
Set インタフェース 74
Shape3D クラス 159
Shape クラス 159
Short クラス 121
shuffle( ) 82, 83
signum( ) 123
singleton( ) 82
singletonList( ) 82
singletonMap( ) 82
sinh( ) 123
size( ) 76, 218
skip( ) 68
Slider クラス 137, 138
sort( ) 62, 69, 76, 82
sorted( ) 68, 69
Sphere クラス 159
Split( ) 118
spliterator( ) 68, 76
SplitPane クラス 137
Spring Framework 307
StackPane クラス 145
stage 0
startTimeProperty( ) 206
static 104
static final 28
static メソッド 104

statusProperty( ) 192, 206
stop( ) 191, 206, 207
stopTimeProperty( ) 206
stream( ) 72
Stream インタフェース 66, 220
String クラス 119
String クラス（正規表現） 118
stroke( ) 165
strokeArc( ) 165
strokeLine( ) 165
strokeOval( ) 165
strokePolygon( ) 165
strokePolyline( ) 165
strokeRect( ) 165
strokeRoundRect( ) 165
strokeText( ) 165
StrokeTransition クラス 189
subList( ) 76
subtractExact( ) 122
sum( ) 121
SVGPath クラス 159
swap( ) 82
synchronizedCollection( ) 82
synchronizedList( ) 82
synchronizedMap( ) 82
synchronizedNavigableMap( ) 82
synchronizedNavigableSet( ) 82
synchronizedSet( ) 82
synchronizedSortedMap( ) 82
synchronizedSortedSet( ) 83

T

TableView クラス 137
TabPane クラス 137
Tab クラス 137
tanh( ) 123
TextArea クラス 137
TextField クラス 137
this 9, 64

Thread クラス 262
TilePane クラス 145
Timeline( ) 191
Timeline クラス 191
TitledPane クラス 137
toArray( ) 68, 76
toEpochDay( ) 42
toEpochMilli( ) 40
ToggleButton クラス 137
ToggleGroup クラス 137
toHexString( ) 21
toLocalDate( ) 47
toLocalTime( ) 47
toNanoOfDay( ) 45
toOctalString( ) 20
ToolBar クラス 137
Toolkit クラス 237
Tooltip クラス 137
toSecondOfDay( ) 45
toString( ) 24, 40, 42, 45, 47, 56
totalDurationProperty( ) 192, 206
totalMemory( ) 234
TranslateTransition クラス 189
Trasition クラス 185, 188
TreeMap クラス 75
TreeSet クラス 75
TreeTableView クラス 137
TreeView クラス 137
TriangleMesh クラス 159
truncatedTo( ) 40, 45, 47
try-catch-finally 文 243
try-with-resource 文 247

U
ulp( ) 123
Unicode 文字を出力 21
unmodifiableCollection( ) 83
unmodifiableList( ) 83, 84
unmodifiableMap( ) 83

unmodifiableNavigableMap( ) 83
unmodifiableNavigableSet( ) 83
unmodifiableSet( ) 83
unmodifiableSortedMap( ) 83
unmodifiableSortedSet( ) 83
unordered( ) 68
until( ) 40, 42, 45, 47

V
VBox クラス 133, 145
VLineTo クラス 159
volumeProperty( ) 206

W
waitFor( ) 232
walk( ) 218
walkFileTree( ) 218
with( ) 40, 42, 45, 47
withDayOfMonth( ) 42, 47
withDayOfYear( ) 42, 47
withHour( ) 45, 47
withMinute( ) 45, 47
withMonth( ) 42, 47
withNano( ) 45, 47
withSecond( ) 45, 47
withYear( ) 42, 47
write( ) 218

X
XML 168

Y
YearMonth クラス 38
Year クラス 38

Z
ZonedDateTime クラス 38
ZoneId クラス 38
ZoneOffset クラス 38

あ

- 値 17
- アニメーション 184
- アノテーション 14
- 暗号 269
- 暗号化 272
- イテレータ 4
- 印刷 211
- インタフェース 101
- インライン CSS 180
- エラー 243
- エンクロージングクラス 99
- オーディオクリップ 207
- オーバーライド 15
- オブジェクトの値 93
- オブジェクトの比較 85

か

- 外部プログラムの起動 232
- 数の比較 85
- 仮想マシンの終了 235
- 基本型 252
- 金額 26
- クライアント 227
- クラス 98
- グラフィックス（JavaFX）......... 156
- グラフィックデバイス 237
- 警告の抑止 249
- コレクション 2, 4, 74
- コンストラクタ 9
- コンテナ 5
- コントロール（JavaFX）............. 132

さ

- サーバー 224
- サウンド 202
- 参照 22
- 参照型 252
- シェイプ 159
- 時間 34
- 式 17
- 式の短絡評価 17
- 時刻 34, 39, 42
- 時刻を出力 21
- 指数形式で出力 21
- 実数値の比較 87
- 実数で出力 21
- 書式指定子 21
- 数値クラス 121
- 数値ストリーム 72
- ストリーム 66
- 正規表現 106
- 正規表現（String クラス）.......... 118
- 正規表現の記号と文字 108
- 整数 20
- 整数値の比較 85
- 整数リテラル 20
- セット 74
- ゾーン 49
- ソケット通信 224

た

- ダイアモンド演算子 7
- タイムライン 191, 195
- 置換（正規表現）........................ 114
- 定数 28
- 定数定義 33
- 匿名クラス 62
- トランジション 184, 195

な

- 内部クラス 99
- ナノ秒単位の計測 34
- 日本の歴 52
- 年月日 41
- 年号 52

は

- パーセント記号を出力 21
- 配列 2, 256
- 配列リスト 254
- パッケージ 240
- パッケージ名 242
- パフォーマンス 250
- 非 public クラス 98
- 日付 34, 39
- 日付と時刻 46
- 日付を出力 21
- ビデオ 199
- 描画メソッド 165
- ファイルシステムにアクセス 222
- ファイルをコピー 218
- ブールの定数式 27
- 複合 273
- 浮動小数点形式で出力 21
- ブロック 8
- ブロックスコープ 8

ま

- マップ 74
- マルチスレッド 261
- メソッド参照 64
- 文字列の比較 89
- 文字列の連結 250
- 文字列変数 22
- 文字列を出力 21
- 文字列をつなげる 119

ら

- ライブラリ 119
- ラムダ式 60
- リスト 74
- リソースの解放 247
- リンクリスト 254
- レイアウト（JavaFX） 144
- 例外処理 243
- 例外処理（正規表現） 116
- 歴 52
- 列挙型 29

■ 著者プロフィール

日向 俊二（ひゅうが・しゅんじ）

フリーのソフトウェアエンジニア・ライター。前世紀の中ごろにこの世に出現し、FORTRAN や C、BASIC でプログラミングを始め、その後、主にプログラミング言語とプログラミング分野での著作、翻訳、監修などを精力的に行う。わかりやすい解説が好評で、現在までに、C#、C/C++、Java、Visual Basic、XML、アセンブラ、コンピュータサイエンス、暗号などに関する著作多数。

Java 8 のキーポイント
最新の Java をより効果的に使うために

2015 年 3 月 10 日　初版第 1 刷発行

著　者	日向 俊二	
発行人	石塚 勝敏	
発　行	株式会社 カットシステム	
	〒 169-0073　東京都新宿区百人町 4-9-7　新宿ユーエストビル 8F	
	TEL（03）5348-3850　　FAX（03）5348-3851	
	URL　http://www.cutt.co.jp/	
	振替　00130-6-17174	
印　刷	シナノ書籍印刷 株式会社	

本書に関するご意見、ご質問は小社出版部宛まで文書か、sales@cutt.co.jp 宛に e-mail でお送りください。電話によるお問い合わせはご遠慮ください。また、本書の内容を超えるご質問にはお答えできませんので、あらかじめご了承ください。

■ 本書の内容の一部あるいは全部を無断で複写複製（コピー・電子入力）することは、法律で認められた場合を除き、著作者および出版者の権利の侵害になりますので、その場合はあらかじめ小社あてに許諾をお求めください。

Cover design　Y.Yamaguchi　　© 2015 日向 俊二
Printed in Japan　ISBN978-4-87783-368-8